おはなし いっぱい！

楽しい 手袋シアター

amico 著

新星出版社

この本を読む皆様へ

この本に出合ってくださった皆様、本当にありがとうございます。
ワクワクを詰め込んだ手袋シアターが、たくさんできあがりました！
いつものおはなしや手あそびを、手袋シアターという視覚教材を通すことで
これまで以上に子どもたちや先生に楽しんでもらえればとてもうれしいです。
今回は、子どもたちが大好きなむかしばなしや、
伝えたい生活のおはなしの手袋シアターを
たくさん作りました！

手袋シアターの演じ方や、おはなしの構成は
山本省三先生が考えてくださいました。
amico 作のオリジナルのおはなしから生まれた
手袋シアターもあります。

素敵な機会をいただけたことに、心から感謝でいっぱいです！
手袋シアターを通じて、楽しくあたたかな時間が生まれますように☆

amicoの手袋シアター
amico

本書の特長

「むかしばなし」「せいかつのおはなし」「あそびうた」がテーマの３章立て。
30作品たっぷり収録！

じっくり見て聞いて楽しむ
むかしばなし

赤ずきんちゃん

大きなかぶ

考えてみよう
せいかつのおはなし

手洗い

歯みがき

一緒にあそぼう
あそびうた

まあるいたまご♪

だるまさんだるまさん♪

演じ方見本を、写真で掲載！

各作品の作り方と、実寸大の型紙付き！

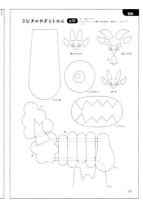

もくじ

1章　むかしばなし

主な材料と道具

フェルト
アイテムや土台を作るときに使用します。

接着芯
型崩れを防ぎたいときに、フェルトの間にはさんで使用します。

カラー手袋
手袋シアターの土台に使用します。

トイクロス
アイテムを貼ったりはがしたりしたい部分に使用します。

マジックテープ® のオス
貼ったりはがしたりしたいアイテムの裏側に使用します。

> フック状になっている少しチクチクする硬い方

メス　　オス

刺繍糸・糸
フェルトを縫い合わせるときや、刺繍をするときに使用します。

動眼
アイテムの目に使用します。

※「マジックテープ」は株式会社クラレの、面ファスナーの登録商標です。

基本の作り方

1　型紙をコピーする。フェルトやトイクロスに型紙を配置し、チャコペンで下書きする。線に沿ってハサミで切る。すべてのパーツを用意する。

型紙

2　切ったフェルトをグルーや接着剤で貼り合わせたり、縫い合わせたりしてアイテムを作る。

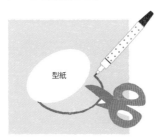

まきかがり縫い
アイテムによっては綿を詰めて、まきかがり縫いをする。

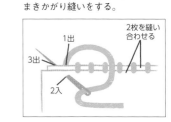

1出
3出
2入
2枚を縫い合わせる

アウトラインステッチ
アイテムによっては刺繍（アウトラインステッチ）をする。

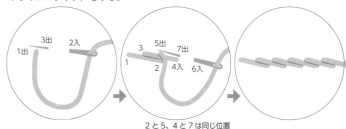

1出　3出　2入

3　5出　7出
1　2　4入　6入

2と5、4と7は同じ位置

6

ハサミ

材料を切るときに使用します。

amico
オススメ
メーカー

アルスコーポレーション株式会社
『ホビークラフト多用途はさみ』
◆問い合わせ先：アルスコーポ
レーション 0120-833-202

グルーガン・グルー

フェルトやトイクロスをつけ
るときに使用します。

サークルカッター

布や紙を円形に切り抜くとき
に使用します。

ポンチ

丸いパーツを切り取るときに
使用します。

丸ゴム

アイテムのしっぽや触覚を作
るときに使用します。

鈴

P.22〜「3びきのやぎとト
ロル」の、一番上のやぎに
つけるときに使用します。

ファスナー

P.14〜「赤ずきんちゃん」
の、お腹が開くオオカミを
作るときに使用します。

消えるチャコペン

下書きをするときに
使用します。

amico
オススメ
メーカー

アドガー工業株式会社『チャコエースⅡ
（紫）』◆問い合わせ先：アドガー工業株
式会社 048-927-4821

強力接着剤

細かいパーツや丸ゴムをつけるときに
使用します。

---

3 貼ったりはがしたりするアイテムの裏には、マ
ジックテープ® のオスをグルーや接着剤でつ
ける。

マジックテープ®（オス）

マジックテープ®（オス）

表側にマジックテープ®
（オス）をつけるアイテム
もあります。

4 土台の一部になるアイテムやトイクロスのパー
ツを手袋に直接貼る。アイテムを貼ったりはが
したりしたい箇所にはトイクロスで作ったパー
ツを貼る。

ポイント

パーツ全面にグルーをつける
と、手袋が動かしづらくなる
ので、各作り方に掲載してい
るグルーの接着面を参考に制
作してください。

グルーを
のせる
位置

マジックテープ®（オス）

トイクロス

マジックテープ® のオスとトイク
ロスの組み合わせは、貼ったりは
がしたりできる仕組みです。トイク
ロスの代わりにマジックテープ®の
メスを使用してもよいですが、トイ
クロスを土台にした方が、大き
な舞台を作ることができます。

演じ方のポイント

ポイント1 アイテムをスムーズに登場させよう！

アイテムがスムーズに登場すると、おはなしもテンポよく展開できます。子どもたちも手袋シアターの世界にどんどん引き込まれていきます。

目かくし台を使う

アイテムの数が多いときは目かくし台の後ろにセッティングする。目かくし台は紙パックに画用紙を巻くだけでOK！

ポケットを活用する

少ないアイテムのときはポケットに入れておく。

手の甲側にアイテムを隠す

（手の甲側）

手の甲側のトイクロスに貼っておけば、すばやく登場させられる。

ポイント2 表情豊かに演じよう！

にこにこ、ぷんぷん、え〜ん、びっくり！ひと目で心情がわかるような表情で演じてください。アイテムも演じ手と同じ表情に見えていきますよ。

ポイント3 場面に合わせてアイテムや手袋を動かそう！

手袋という小さな舞台で、どのアイテムがセリフを言っているか、子どもたちに伝わるように工夫しましょう。アイテムをトイクロスからはがし少し動かしたり、指をさしながらセリフを言ったりするとわかりやすいです。

1章

むかしばなし

大きなかぶや、おむすびころりんなど
子どもたちが大好きな、世界の童話や日本のむかしばなしを
手袋シアターで楽しんでください♪

大きなかぶ

型紙
p.129

おはなし構成：山本省三

amicoのひとこと

ぷっくりとした大きなかぶが
手袋の裏側からズッポーン！！
手袋全体をダイナミックに動かして
演じてください♪
繰り返しの楽しいおはなしです♪

みんなで
力を合わせる
おはなしだよ

演じる前の準備

・手の甲側にあらかじめ**かぶ**を貼っておく。
・そのほかのはがせるアイテムを用意して
　おく。

はがせるアイテム

かぶ

おじいさん

おばあさん

まご

いぬ

ねこ

ねずみ

保育者 おじいさんが、畑にかぶの種をまきました。
おじいさん どれどれ、かぶは育ったかな？

1

おじいさんを登場させる。

おじいさん
ひゃあ、これは大きくなったなあ。
さあ、抜いてみよう。
うんとこどっこいしょ
うんとこどっこいしょ。

2

かけ声に合わせて
手袋をゆらす。

おばあさん あらまあ、大きなかぶだこと。
力を合わせて抜きましょうね。
みんな うんとこどっこいしょ
うんとこどっこいしょ。

4

おばあさんを登場さ
せ、かけ声にあわせ
て手袋をゆらす。

3

おじいさん
びくともしないぞ。
おばあさんやーい！
かぶを抜くのを
手伝っておくれ。

まごを登場させ、
かけ声にあわせて
手袋をゆらす。

まご これは3人じゃ抜けないわ。
いぬやーい！ かぶを抜くのを
手伝って。
いぬ ワンワン、わあ、大きなかぶだなあ。
力を合わせて抜くしかないワン。
みんな うんとこどっこいしょ
うんとこどっこいしょ。

5

まごやーい！

6

おばあさん おじいさん、ふたりじゃ抜けませんよ。
まごやーい！ かぶを抜くのを
手伝ってちょうだい。
まご はーい、あらら、大きなかぶだこと。
力を合わせて一緒に抜きましょうね。
みんな うんとこどっこいしょ
うんとこどっこいしょ。

いぬやーい！

いぬを登場させ、かけ声に
あわせて手袋をゆらす。

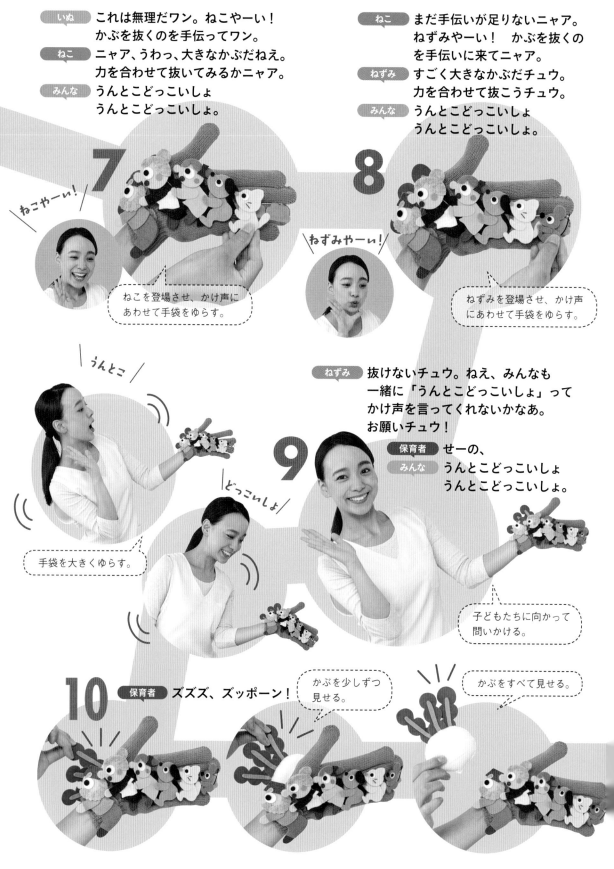

いぬ これは無理だワン。ねこやーい！かぶを抜くのを手伝ってワン。

ねこ ニャア、うわっ、大きなかぶだねえ。力を合わせて抜いてみるかニャア。

みんな うんとこどっこいしょ うんとこどっこいしょ。

ねこ まだ手伝いが足りないニャア。ねずみやーい！ かぶを抜くのを手伝いに来てニャア。

ねずみ すごく大きなかぶだチュウ。力を合わせて抜こうチュウ。

みんな うんとこどっこいしょ うんとこどっこいしょ。

7

ねこやーい！

ねこを登場させ、かけ声にあわせて手袋をゆらす。

8

ねずみやーい！

ねずみを登場させ、かけ声にあわせて手袋をゆらす。

うんとこ

手袋を大きくゆらす。

ねずみ 抜けないチュウ。ねえ、みんなも一緒に「うんとこどっこいしょ」ってかけ声を言ってくれないかなあ。お願いチュウ！

保育者 せーの、

みんな うんとこどっこいしょ うんとこどっこいしょ。

9

どっこいしょ

子どもたちに向かって問いかける。

10 **保育者** ズズズ、ズッポーン！

かぶを少しずつ見せる。

かぶをすべて見せる。

12

作り方　材料●カラー手袋／フェルト／トイクロス／丸ゴム／綿／マジックテープ® (オス)／刺繍糸

1 アイテムやパーツを作る。

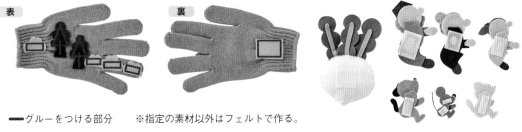

おじいさん
貼る　貼る　貼る
裏から貼る
裏から貼る
貼る
フェルトを二重にする
はさんで貼る
はさんで貼る

おばあさん
貼る　貼る　裏から貼る
貼る　貼る　貼る
裏から貼る
裏から貼る
貼る　貼る
フェルトを二重にする
はさんで貼る　裏から貼る

まご
貼る　貼る
裏から貼る
貼る　貼る　貼る
裏から貼る
貼る
貼る
フェルトを二重にする
はさんで貼る

かぶ
貼る
貼る
はさみ込んで縫う
綿を入れる
マジックテープ®(オス)を貼る
フェルトを2枚合わせてまきかがり縫い(参考P.6)をする

ねずみ
フェルトを二重にする
貼る●　貼る
貼る
はさんで貼る

ねこ
貼る
フェルトを二重にする
貼る●貼る
刺繍
裏から貼る
貼る
はさんで貼る

いぬ
貼る
フェルトを二重にする
貼る●貼る
裏から貼る
貼る
貼る
はさんで貼る

木
*トイクロスで2つ作る

草
*トイクロスで4つ作る

2 手袋にアイテムやトイクロスのパーツを貼る。人形の裏にマジックテープ®(オス)を貼る。

表　　裏

―― グルーをつける部分　　※指定の素材以外はフェルトで作る。

11

保育者
わあ、抜けた！

12

保育者
とっても大きくて
おいしそうなかぶだね。
かぶはみんなで家に運んで
ほかほかのシチューを作って
なかよく食べましたとさ。おしまい。

赤ずきんちゃん

型紙 p.131

おはなし構成：山本省三

amicoのひとこと
オオカミのお腹部分にはファスナーを使って
本当に開くように！
「どうなるのかな？」といった
子どもたちのドキドキを
引き出してみてください♪

かわいい
赤ずきんちゃんと
オオカミが登場するよ。
オオカミのお腹にも
注目してね

演じる前の準備

・化けたオオカミの上に、家を貼って
おく。
・そのほかのはがせるアイテムを用意
しておく。

はがせるアイテム

オオカミ

家　　石

化けたオオカミ

赤ずきんちゃん

おばあさん

猟師

はさみ

1 保育者
あるところに、赤ずきんちゃんという女の子がいました。赤ずきんちゃんは、風邪を引いたおばあさんのお見舞いに出かけることになりました。

赤ずきんちゃんを
登場させる。

2 オオカミ　お嬢ちゃん、どこへ行くんだい？
赤ずきんちゃん　森の向こうのおばあさんの
家にお見舞いに行くのよ。
あなたは誰？
オオカミ　親切な森の案内役さ。
お見舞いに行くなら
ここの花を摘んで行くといい。

赤ずきんちゃん
本当に親切ね。
どうもありがとう。

オオカミを登場させ
赤ずきんちゃんに
近づける。

3 保育者
赤ずきんちゃんが花を摘んでいる間に
オオカミはおばあさんの家に
先回りしました。そしておばあさんを
がぶり！と飲みこんで
しまいました。

赤ずきんちゃんをお
花畑に貼り、オオカ
ミを家に近づける。

4 保育者　赤ずきんちゃんは
おばあさんの家に着きました。
赤ずきんちゃん　トントン、おばあさん
赤ずきんよ。

オオカミを退場さ
せ、赤ずきんちゃん
を家の前に貼る。

5
家をはがす。

オオカミ　まあ、お入り。
ドアは開いているよ。
赤ずきんちゃん　あら、いつもの
おばあさんと違って
ガラガラ声ね。
風邪を引いた
せいかしら。

6 赤ずきんちゃん　おばあさん
具合はどう？
あら、おばあさんの耳
前より大きくなったみたい。
オオカミ　赤ずきんちゃんの声を
よく聞くためさ。

7 赤ずきんちゃん　目も大きくなっているわ。
オオカミ　ああ、赤ずきんちゃんが
よく見えるようにね。どれ
もっと近くにきておくれ。

8

赤ずきんちゃん これでいい？　あらら口も大きくなっている。どうしてなの？

オオカミ それは……赤ずきんちゃん……

赤ずきんちゃんを化けたオオカミに近づける。

9

オオカミ お前を食べるためさ！　ガオーッ！

赤ずきんちゃん きゃあ！　あなたはオオカミだったのね！

手袋をゆらし、赤ずきんちゃんを退場させ、家を貼る。

オオカミ ああ、お腹いっぱいだ。どれ昼寝でもするか。グウグウグウ。

保育者 そこへ猟師さんが通りかかりました。

猟師 おや、こんなところにオオカミが寝ているぞ。ありゃりゃお腹がパンパンだ。これは誰かを飲みこんでいるな。助けなくちゃ。

11

保育者 猟師さんは、持っていたはさみでオオカミのお腹をチョキチョキチョキチョッキン！　すると中から……

チョキチョキ

オオカミのファスナーを開ける。

オオカミを家の前に貼り、猟師を登場させる。

10

12

保育者 おばあさんと赤ずきんちゃんが出てきました。

おばあさん 赤ずきんちゃん 助けてくれてありがとう。

猟師 いやあ、よかった、よかった！

おばあさんと赤ずきんちゃんを貼る。

保育者 赤ずきんちゃんたちは、オオカミのお腹に石を詰め、針と糸でチクチク縫い合わせました。

おばあさん 赤ずきんちゃん 猟師 これで、よしっと。

13

オオカミのお腹の中に石を入れ、ファスナーを閉める。

作り方 材料●カラー手袋／フェルト／トイクロス／マジックテープ®（オス）／ファスナー／刺繍糸

1 アイテムやパーツを作る。

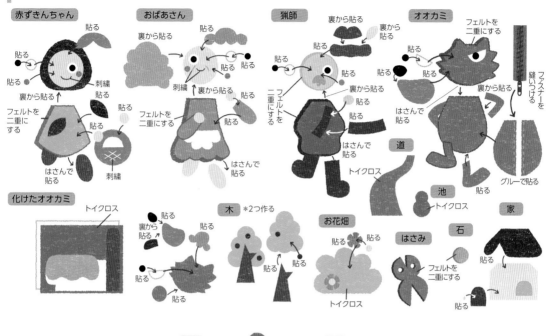

赤ずきんちゃん
貼る／貼る／貼る／刺繍／裏から貼る／フェルトを二重にする／貼る／貼る／はさんで貼る／刺繍

おばあさん
裏から貼る／貼る／貼る 貼る／刺繍／裏から貼る／フェルトを二重にする／貼る／はさんで貼る

猟師
裏から貼る／裏から貼る／貼る／貼る／貼る 貼る／フェルトを二重にする／裏から貼る／貼る／はさんで貼る／トイクロス

オオカミ
フェルトを二重にする／貼る／貼る 貼る／ファスナーを縫いつける／裏から貼る／はさんで貼る／グルーで貼る／貼る

化けたオオカミ
トイクロス／貼る／裏から貼る／貼る／貼る

木 ＊2つ作る
貼る／貼る／貼る

お花畑
貼る／貼る／トイクロス

はさみ
フェルトを二重にする

道
トイクロス

池
トイクロス

石
貼る／貼る

家
貼る／貼る

2 手袋にアイテムやトイクロスのパーツを貼る。人形の裏にマジックテープ®（オス）を貼る。

表

裏

―― グルーをつける部分
※指定の素材以外はフェルトで作る。

14

オオカミ
ああ、よく寝た。
のどがかわいたな。
池の水でも飲むか……

おばあさん、赤ずきんちゃん、猟師を退場させ、オオカミだけを残す。

15

オオカミを池に近づけ逆さにして、そのまま退場させる。

オオカミ わあ！ お腹が重いよ！
保育者 ボッチャーン！
ブクブクブク……

保育者
オオカミはお腹の石の重さで池に沈んでしまいましたとさ。おしまい。

16

赤ずきんちゃんとおばあさんを再び登場させる。

おむすびころりん

おはなし構成：山本省三

型紙
p.133

amicoのひとこと

コロコロ転がるおむすびは
綿を入れて存在感を出しました。
落としたおむすびを追いかけるおじいさんを
楽しく演じてください♪

みんなが大好きな
おむすびの出てくる
おはなしをはじめるよ

演じる前の準備
• はがせるアイテムを用意
しておく。

はがせるアイテム

おじいさん①

おじいさん②

ねずみ①

ねずみ②

よくばりな
おじいさん

もぐら

小判

おむすび

1

保育者
むかし、むかし、おじいさんが
山へまきをひろいに行き
お昼ごはんを食べようと
したときです。

> おじいさん①を
> 登場させる。

2

おじいさん
持ってきたおむすびを
食べるとしよう。
あれ、落としちまったぞ。
おむすび、待て待て。

保育者
おむすびは
おじいさんの手から
コロコロコロ……

> おじいさん①の手から転がる
> ようにおむすびを動かす。

おじいさん
穴からなにかおもしろいうたが聞こえたな。

ねずみ
おむすびころりん、すっとんとん
うれしや、うれし、チュウチュウチュウ。
おじいさん、おむすびをありがとう。
ここはねずみの国です。
よかったらおいでください。

おじいさん
そうかい、行ってみたいなあ。

穴から
聞こえた

保育者
おむすびは穴の中に
落ちてしまいました。
すると、穴の中から……

ねずみ
おむすびころりん
すっとんとん
うれしや、うれし
チュウチュウチュウ。

3

> おむすびを穴の
> 中に貼る。

4

> ねずみ①②を貼る。

5

ねずみ
おじいさんころりん
すっとんとん。
ねずみの国へおいでなさい
チュウ。

> おじいさん①を穴の中に
> 入るように動かす。

> おむすびとおじいさん①
> を退場させ、おじいさん
> ②を穴の中に貼る。

ねずみ
よくいらっしゃいました。
おむすびのお礼にうたと
ごちそうを召し上がって
楽しい時間を過ごしてください。

おじいさん
ほう、ねずみさんたちは
うたがうまいのう。

6

ねずみ おじいさん、今日はとっても楽しかったでチュウ。またおいでくださいねチュウ。これはおみやげの小判です。

おじいさん わあ！どうもありがとう。

7

小判を貼る。

保育者 穴から出てきたおじいさんに話を聞いた隣のよくばりなおじいさん。

よくばりなおじいさん わしも小判がほしいなあ。よし、明日おむすびを持って山へ行くとしよう。

8

おじいさん②と小判を穴の外へ貼り、よくばりなおじいさんを登場させる。

よくばりなおじいさん ほれ、おむすびだ！　えい！

保育者 ポーンコロコロ。コツン、コツン！

よくばりなおじいさんが、おむすびを蹴るようにしてねずみ①②の頭にぶつけ、穴の中に移動する。

9

 コツン！  コツン！

10

ねずみ おむすびころりん、すっとんとん。いたたた、いたた、チュウチュウチュウ。

よくばりなおじいさん そんなうたはいいから早くわしを穴の中へ入れてくれ。

よくばりなおじいさんを穴に向けて動かす。

よくばりなおじいさん ここがねずみの国か、せまいなあ。おい！　小判を全部よこせ。よこさなければ、こうだ。ニャ〜ゴ！

11

おむすびをはがしよくばりなおじいさんを穴の中に貼る。

ねずみを動かした後、退場させる。

ねずみ きゃあ、ねこだ逃げろー！

12

作り方 材料●カラー手袋／フェルト／トイクロス／綿／マジックテープ®（オス）／刺繍糸

1 アイテムやパーツを作る。

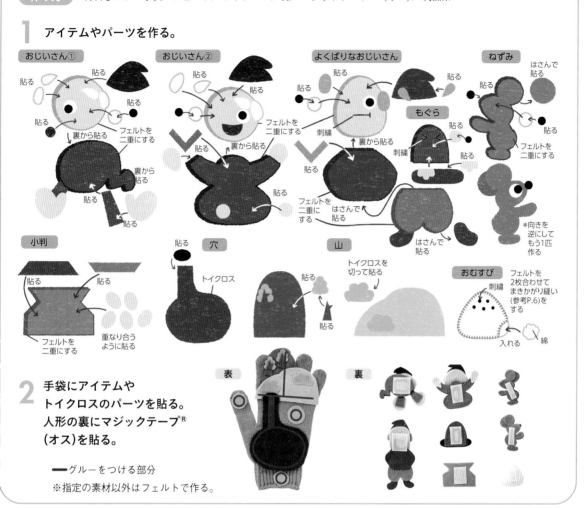

おじいさん①
貼る／貼る／貼る／貼る／貼る／フェルトを二重にする／裏から貼る／裏から貼る／貼る／貼る

おじいさん②
貼る／貼る／フェルトを二重にする／貼る／裏から貼る／貼る

よくばりなおじいさん
貼る／貼る／貼る／裏から貼る／刺繍／フェルトを二重にする／はさんで貼る／はさんで貼る／貼る

もぐら
貼る／刺繍／貼る

ねずみ
はさんで貼る／貼る／貼る／フェルトを二重にする／*向きを逆にしてもう1匹作る

小判
貼る／貼る／フェルトを二重にする／重なり合うように貼る

穴
貼る／トイクロス

山
貼る／貼る／トイクロスを切って貼る

おむすび
刺繍／フェルトを2枚合わせてまきかがり縫い（参考P.6）をする／入れる／綿

2 手袋にアイテムやトイクロスのパーツを貼る。人形の裏にマジックテープ®（オス）を貼る。

表　裏

——グルーをつける部分

※指定の素材以外はフェルトで作る。

13

【保育者】すると、穴の中は真っ暗になってしまいました。
【よくばりなおじいさん】あれれ、なにも見えないぞ。宝物はどこだ。出口はどこだ。さあ、困ったぞ。

よくばりなおじいさんをうろうろさせる。

14

【よくばりなおじいさん】
何も見えないぞ〜。

手袋をしていない手でよくばりなおじいさんを隠しながら、もぐらと貼り変える。

【保育者】
よくばりなおじいさんはあちこち出口を探すうちに……なんとびっくり。もぐらになってしまいましたとさ。おしまい。

15

手をはなしてもぐらを見せる。

3びきのやぎとトロル

型紙 p.135

おはなし構成：山本省三

amicoのひとこと

トロルの手袋人形は迫力満点！
子どもたちも大好きなこの
おはなしは、絵本を片手に
読みきかせながら、トロルの手袋人形を
登場させて楽しむこともできます♪

演じる前の準備

• トロルと3びきの
　やぎの手袋をつけ
　ておく。
• トロルはからだの後
　ろに隠しておく。

3びきのやぎの兄弟と
橋の下に住んでいる
怪物トロルが出てくる
おはなしをするね

1

保育者
岩山に３びきのやぎの兄弟が
暮らしていました。
毎日、おいしい草を
探して歩きます。

薬指と親指を折って
３びきのやぎを見せる。

弟やぎ
この橋の向こうに、おいしい草が
生えているかもしれない。
行ってみようよ。

真ん中のやぎ
だめだよ。橋の下には怪物のトロルが
いるんだ。つかまって
食べられてしまう。

一番上のやぎ
それじゃいいか
こうしよう。
ヒソヒソヒソ。

2

トロル
おい、オレ様はトロルだ。
だまって橋を渡るのは誰だ。
食ってやる！　ガオーッ！

弟やぎ
待ってよ。ぼくみたいな
小さなやぎを食べてもおいしくないよ。
次にもっと大きなやぎがくるからさ。

トロル
なるほど。
じゃあ、お前は渡れ。
次のやぎを食おう。
ガオーッ！

小指の弟やぎだけを
見せる。

弟やぎ
さあ、まずはぼくから
渡ろうっと。

3

\ ガオーッ！／

4

トロルを登場
させる。

トロル
おい、待ってたぞ。
食ってやる、ガオーッ！

真ん中のやぎ
わあ、トロルだ。後から
もっと大きなやぎがくるから
そっちを食べたらどうだい。

トロル
本当か？
それなら、渡れ。

5

真ん中のやぎ
さあ、次はぼくの番だ。
トロルなんて
気にしないで渡ろうっと。

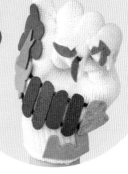

人差し指の真ん中の
やぎだけを見せる。

6

真ん中のやぎにトロル
を近づけた後、トロル
を後ろに隠す。

7

一番上のやぎ
さて、渡るぞ。
出てこいトロル！

中指の一番上のやぎ
だけを見せる。

8

トロル ガオーッ！　お前が大きいやぎか。
食ってやるから覚悟しろ。ガオーッ
一番上のやぎ 食べられるものなら、食べてみろ！

ガオーッ！

トロルを登場させる。

9

トロル なんだと、なまいきな！
一番上のやぎ それ、この太い角で
刺してやる。
エイッ、エイッ、エイッ！
トロル グエーッ、いたたたた。

10

助けて〜っ！

一番上のやぎ 谷底に落としてやる。エイッ！
トロル グワーッ！　落っこちるー
助けてーっ！

11

トロル グワーッ

グワーッ

トロルを逆さにして
そのまま後ろに隠す。

24

作り方 　材料●カラー手袋／フェルト／綿／動眼／刺繍糸／鈴／毛糸

1 アイテムやパーツを作る。

トロル

● 目
*2つ作る

貼る

● 口
貼る

● 鼻
フェルトを2枚合わせて
まきかがり縫い(参考P.6)
をする

入れる　綿

● 毛
約20cm
毛糸を束にして、端でまとめる
5本作る

やぎ

●弟やぎ
動眼

●真ん中のやぎ
動眼

●一番上のやぎ

木 　貼る 　裏から貼る

草

橋 　2本の毛糸の上に貼る

岩 　貼る

2 手袋にアイテムやパーツをつける。

表 　やぎの目、まゆ毛、鼻は手袋に直接グルーで貼る

鈴は手袋に縫いつける

トロルの鼻は縫いつける

裏 　やぎのつの、耳は手袋に直接グルーで貼る

トロルの毛は結び目にグルーをつけて貼る

── グルーをつける部分　※指定の素材以外はフェルトで作る。

12

（保育者）
こうして、トロルは
いなくなりました。
それから3びきのやぎは
おいしい草を食べて
いつまでもなかよく暮らしましたとさ。
おしまい。

3びきのやぎの手袋を
ひろげる。

25

ブレーメンの音楽隊

型紙 p.136

おはなし構成：山本省三

amicoのひとこと
一番の見せ場は動物たちをひっくり返して
積み重なったシルエットを表現するところで
す。アイテムの表と裏を使い、
子どもたちの想像を
かきたててください★

いろいろな動物が
みんなで協力する
おはなしだよ

演じる前の準備
• はがせるアイテムを
用意しておく。

はがせるアイテム

ねこ

ろば

にわとり

いぬ

どろぼう

1

保育者 むかし、むかし、年をとったろばが
重い荷物を運べなくなったからと
飼われていた家を
追い出されてしまいました。

ろば
べへへー
しかたがない。
ブレーメンの街へ
行って
音楽隊にでも入ろう。

ろばを登場させる。

2

保育者 途中で、ろばはいぬに会いました。
いぬ ワンワン、年をとって
番犬の役目ができなくなったって
捨てられたんだ。
ろば べへへー、それなら一緒に
ブレーメンまで行こうよ。
音楽隊に入るんだ。
いぬ ワンワン、そうしよう。

いぬを登場させる。

3

保育者 次にねこに会いました。
ねこ ニャア、ねずみを
捕まえられなく
なったからって
追い出されたの。
ろば べへへー、それなら一緒に
ブレーメンまで行こうよ。
音楽隊に入るんだ。
ねこ ニャア、行くわ。

ねこを登場させる。

4

保育者 今度はにわとりに会いました。
にわとり コケッコ、朝、鳴くのを忘れて
時計の代わりにならないって
捨てられたんだ。
ろば べへへー、ブレーメンに行って
音楽隊に入ればいいよ。
にわとり コケッコ、それはいい。

にわとりを登場させる。

5

動物たちを積み上
げるように貼る。

保育者 こうして、ろばたちはブレーメンの
街を目指して歩いて行きました。
森の中を通ると、一軒の家から
にぎやかな声が聞こえてきました。
ろば べへへー、ちょっとこの家で
休ませてもらおうか。
中の様子を見てみよう。
保育者 背中に乗り合って、家の中をのぞくと……

6

保育者
なんと、どろぼうたちが
ごちそうとお酒で
宴会をしていたのです。

> どろぼうを
> 家の窓に貼る。

7

どろぼう
おい、今度は
どの家にどろぼうに
入ろうかなあ。

8

保育者
そこで、動物たちは
どろぼうをやっつける
相談をはじめました。

動物たち
べー、ワン、ニャン、コッコ、
それがいい！

> 動物たちを、手袋の中央に
> 集まるように貼りなおす。

9

> 動物たちを裏返し、黒い
> シルエットにして、積み
> 上げるように貼る。

保育者
ろばの上にいぬ、いぬの上にねこ
ねこの上にはにわとりが乗りました。
影が合わさり、大きな黒い生き物のように
なりました。
そしてみんなでいっせいに

動物たち
べへヘー、ワワン、ニャアゴ、コケッコー！

どろぼう
ギャア、化け物が出たーー！

保育者
どろぼうたちは思った通り
動物たちの影と鳴き声におどろいて
逃げて行ってしまいました。

10

> どろぼうを退場させる。

作り方 材料●カラー手袋／フェルト／トイクロス／丸ゴム／マジックテープ®（オス）／動眼

1 アイテムやパーツを作る。

ろば

黒いフェルトを貼って二重にする

はさんで貼る

貼る — 貼る

はさんで貼る

マジックテープ®(オス)を貼る

貼る

（裏）

いぬ

黒いフェルトを貼って二重にする

はさんで貼る — 貼る

はさんで貼る

マジックテープ®(オス)を貼る

（裏）

ねこ

黒いフェルトを貼って二重にする

はさんで貼る — 貼る

はさんで貼る

貼る

丸ゴムをはさんで貼る

はさんで貼る

マジックテープ®(オス)を貼る

（裏）

にわとり

黒いフェルトを貼って二重にする 胴体にははさんで貼る

マジックテープ®(オス)を貼る

（裏）

家

裏から貼る — 貼る

貼る

トイクロス

木
*2つ作る

貼る — トイクロス

草

トイクロス

道

トイクロス

どろぼう

貼る — 動眼

貼る

貼る

貼る — 動眼

貼る

貼る

貼る — 裏に貼る

裏に貼る

2 手袋にアイテムやトイクロスのパーツを貼る。人形の裏にマジックテープ®(オス)を貼る。

表

裏

.... グルーをつける部分

※指定の素材以外はフェルトで作る。

保育者
どろぼうたちはそれっきり
帰ってきませんでした。
ろばたちは、ブレーメンに行くのはやめて
空き家になった家で
みんななかよく楽しく
暮らすことにしましたとさ。
おしまい。

家の周りに動物たちを貼る。

逃げ出したパンケーキ

型紙 p.138

おはなし構成：山本省三

amicoのひとこと

パンケーキを食べようとする
動物たちはどれも色鮮やか。
表情豊かな作品です。
手袋の上でくりひろげられるいろいろな場面は
子どもたちにどんな風に映るのかな？

おいしそうな
パンケーキが出てくる
おはなしだよ

演じる前の準備

・おかあさん〔表〕を親指に貼っ
　ておく。
・そのほかのはがせるアイテムを
　用意しておく。

はがせるアイテム

パンケーキ　　にわとり　　かも　　がちょう

おかあさん〔表〕　　おかあさん〔裏〕　　ぶた

1

おかあさん

わあ、見て見て！
パンケーキがとっても
上手に焼けたわ。
早くみんなに食べさせたいわね。

パンケーキを登場させ
フライパンに貼る。

2

保育者 それを聞いて
パンケーキは思いました。

パンケーキ こんなにおいしく焼けたんだ。
すぐに食べられちゃうなんて
とんでもない！

\とんでもない！/

3

パンケーキ それ、逃げろや逃げろ、ポーン、コロコロ。
おかあさん まあ！　パンケーキが庭へ逃げ出しちゃった！

\まあ！/

パンケーキを中指に移動させ
おかあさんを裏返す。

4

にわとり コッコ、おいしそうな
パンケーキだこと。
ひと口食べてみようかな、コッコ。

パンケーキ おっと、せっかくおかあさんの
フライパンから逃げてきたんだ。
にわとりなんかに
食べられちゃうなんて
とんでもない！

薬指ににわとりを
貼る。

5

パンケーキ
それ、逃げろや逃げろ
ポーン、コロコロ。

パンケーキを小指に
移動させる。

かも クワッ、クワッ
おいしそうなパンケーキだこと。
ひと口いただきたいな、クワッ。

パンケーキ おっと、せっかくおかあさんとにわとり
から逃げてきたんだ。かもなんかに食
べられちゃうなんて、とんでもない。

かもを貼る。

パンケーキ
それ、
逃げろや逃げろ
ポーン
コロコロ。

パンケーキを道の
そばに移動させる。

がちょう ガア、ガア
おいしそうな
パンケーキだこと。
ひと口味見してみようかな。

パンケーキ おっと、せっかく
おかあさんとにわとりと
かもから逃げてきたんだ。
がちょうなんかに食べられ
ちゃうなんて、とんでもない。

がちょうを道の脇に貼る。

パンケーキ
それ、逃げろや逃げろ
ポーン、コロコロ。
あれれ、池で行き止まりだ。
ぼく、泳げないんだ。

パンケーキを池のそば
に移動させる。

ぶた ゴボゴボ、ブウブウ。
おや、パンケーキ君
そんなに急いでどこへ行くの？

パンケーキ おかあさんと、にわとりと
かもと、がちょうから
食べられないように
逃げてきたんだ。

ぶた ブウ、ぼくは君を
食べたりしないよ。
池を渡りたいんだろう。
ぼくの鼻の上に乗りたまえ
ブウ。

ぶたを池に貼る。

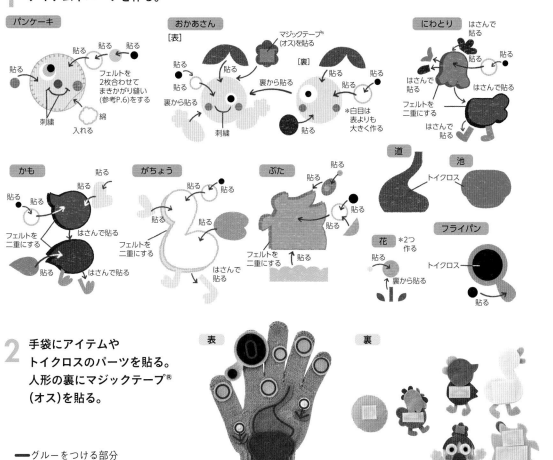

作り方　材料●カラー手袋／フェルト／トイクロス／綿／マジックテープ®（オス）／刺繍糸

1 アイテムやパーツを作る。

パンケーキ
貼る　貼る　貼る
貼る
フェルトを
2枚合わせて
まきかがり縫い
（参考P.6)をする
刺繍　綿
入れる

おかあさん
[表]
マジックテープ®
（オス）を貼る
[裏]
貼る
貼る　貼る
貼る　貼る　貼る
裏から貼る　裏から貼る
裏から貼る
*白目は
表よりも
大きく作る
貼る
刺繍

にわとり
はさんで
貼る
貼る　貼る
はさんで
貼る　　はさんで貼る
フェルトを
二重にする
はさんで
貼る

かも
貼る
貼る
貼る　貼る
フェルトを
二重にする
はさんで貼る
貼る　はさんで貼る

がちょう
貼る　貼る
貼る
貼る
フェルトを
二重にする
はさんで
貼る

ぶた
貼る
貼る　貼る
貼る
貼る
フェルトを
二重にする
貼る

道
トイクロス

池
トイクロス

花 *2つ
作る
貼る
裏から貼る

フライパン
トイクロス
貼る

2 手袋にアイテムや
トイクロスのパーツを貼る。
人形の裏にマジックテープ®
（オス）を貼る。

表　　裏

━━グルーをつける部分
※指定の素材以外はフェルトで作る。

ぶた　ブウ、歌いながら渡ろうね。
パンパン、パンパン、パンケーキ
おいしく焼けたパンケーキ、パクッ！
パンケーキ　しまった、だまされた！

11

パクッ！

パンケーキをぶたの上に貼り、
ぶたに食べられたように見せる。

保育者　こうして、逃げ出した
パンケーキはぶたに食べられて
しまいましたとさ。おしまい。

12

パンケーキをとる。

はだかの王様

型紙 p.139

おはなし構成：山本省三

おしゃれが
大好きだけど、
わがままな王様の
おはなしをするよ

演じる前の準備

・マントを貼った王様を貼っておく。
・そのほかのはがせるアイテムを用意しておく。

はがせるアイテム

男

鏡

王様

マント

子どもたち

1

保育者 むかし、むかし、とってもおしゃれで
わがままな王様がいました。
ある日、王様が鏡を見ながら
またわがままを言いだしました。

王様 もっとおしゃれで
誰も着たことのない
服が着たいんじゃ！

鏡を貼る。

2

鏡をはがし、男を
登場させる。

保育者 そこへひとりの男がやってきました。
男 王様、わたしは洋服屋です。めずらし
い布で服を作ってさしあげましょう。

3

見えますか？

男 ほら、王様、この布が見えますか？
これは賢い者だけが見ることのできる
世界にたった1枚しかない布です。
保育者 王様はびっくりしました。
王様には男の持っている布が見えません。
でも、見えるふりをして言いました。
王様 おお、すばらしくきれいな布じゃな。
それでわしの服を作ってくれ。

4

保育者 それから3日ほどして
男がまたお城にやってきました。
男 王様、賢い者にしか見えない洋服が
できました。どうぞ着てみてください。
保育者 王様にはやっぱり見えませんでした。

男を王様の近くに貼る。

王様のマントを
とる。

5

保育者
王様は裸になって
着るふりをしました。

35

6

ぴったりじゃ

男 王様、とってもお似合いですよ。
王様 ふむ、そうじゃな。わしにぴったりじゃ。
男 そうだ、王様。その服をみんなに見せる
ためにパレードをしてはいかがですか。

保育者 王様は、パレードのために
街にくり出しました。
王様 おっほん、どうじゃ
賢い者にしか見えないわしの服は。

男を親指に移動させ
鏡を貼る。

7 パレードスタート！

8

保育者 ところが、見ていた子どもたち
が王様を指さして言ったのです。
子どもたち アハハ、王様はどうして
裸で歩いているの？
おかしいや、アハハハ！

アハハハ

鏡と男をはがし、王様を
手袋の中央に貼る。

子どもたちを貼る。

9

ぶる
ぶる

保育者
王様は恥ずかしくてぶるぶる。
男にだまされたとわかったのです。
男はパレードの間に洋服代を持って
逃げていました。

手袋を震わせる。

作り方　材料●カラー手袋／フェルト／トイクロス／マジックテープ®（オス）／動眼／刺繍糸

1 アイテムやパーツを作る。

王様

・顔
貼る
貼る
貼る
フェルトを二重にする

・からだ
はさんで貼る
貼る
はさんで貼る
トイクロス
刺繍
フェルトを二重にする
はさんで貼る
はさんで貼る

マント
貼る
貼る

鏡
貼る

じゅうたん
トイクロス

草

カーテン

男
裏から貼る
貼る
フェルトを二重にする
裏から貼る
貼る

子どもたち
・子ども①　・子ども②
貼る　　はさんで貼る
・子ども③
動眼
子どもたちの顔は向きを変えて貼る
動眼
貼る
貼る
貼る

2 手袋にアイテムやトイクロスのパーツを貼る。人形の裏にマジックテープ®（オス）を貼る。

表

裏

······ グルーをつける部分
※指定の素材以外はフェルトで作る。

10

立派な王様になろう！

| 王様 | これからはわがままはやめよう。そしておしゃれも控えめにしてみんなのためになることをしよう。 |
| 保育者 | 王様は心を入れ替えやさしく立派な王様になることを決めました。おしまい。 |

こぶとりじぃさん

型紙 p.141

おはなし構成：山本省三

ほっぺのこぶが
どうなるか
よく見ていてね

演じる前の準備

- こぶを貼った**よいおじいさん**を、手袋の左側に貼っておく（こぶは左右のほっぺどちらに貼ってもよい）。
- **オニ①②③の口**を正しい向きで、**オニ**に貼っておく。
- そのほかのはがせるアイテムを用意しておく。

はがせるアイテム

オニ①②③の口

オニ①　　オニ②　　オニ③

こぶ

よい
おじいさん

よくばりな
おじいさん

38

1

おや
雨だぞ

【保育者】むかし、むかし、人のよいおじいさんが
山へまきをとりに行きました。
【よいおじいさん】おや、雨が降ってきたぞ。
この木の下で雨宿りをしよう。

2

【オニ①②③】雨が降ってきたから
太鼓でもたたいて
お酒を飲んで踊ろう。
ドンドコドンドコ
ホイホイホイ。

オニ①②③を登場
させる。

4

よいおじいさんを
中央に貼る。

3

【よいおじいさん】おや、なんだか楽しそうな音が
聞こえるぞ。
踊りたくなってきた。
ホイホイホイのコーリャコリャ
踊ればウキウキ、ホイホイホーイ！

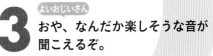

【オニ①②③】おやおや、おじいさん
踊りが上手だなあ。
オニは怖くないのか？
【よいおじいさん】ちっとも怖くはありません。
こんなに楽しいんですから。

よいおじいさんを
動かす。

5

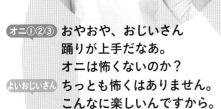

【オニ①②③】よし、おじいさん
いいことをしてやろう。
ムギュムギュ
ムギュ……

6

【オニ①②③】上手な踊りを見せてもらったお礼に
こぶをとってやったぞ。
【よいおじいさん】あれまあ！　じゃまだったこぶを
とっていただいて
どうもありがとうございます。

よいおじいさんを隠すように、手を握
りながら、こぶをほっぺからはがす。

はがしたこぶを、オニ①の
手に貼る。

7

保育者
よいおじいさんは
にこにこと
家に帰って行きました。

オニ①②③を退場させる。

8

よくばりなおじいさん
おや、どうしたんだい。
こぶがないじゃないか。

よいおじいさん
ああ、山でオニの前で
踊ったら、こぶを
とってくれたんだ。

よくばりなおじいさん
そうかい、わしもこぶを
とってもらおう。
オニなら宝物も
持っていそうだ。
そいつもねだってみるか。

よくばりなおじいさん
を登場させる。

10

オニ①②③を貼り、手袋
をゆらす。オニ①の手に、
よいおじいさんのこぶを
貼っておく。

9

保育者
よくばりなおじいさんは
さっそく山に出かけて
行きました。

よくばりなおじいさん
おーい、オニたち
早く出てこんか。

おーい
オニたち

よいおじいさんを退場さ
せ、よくばりなおじいさ
んを中央に貼る。

オニ①②③ おや、今度は違うおじいさんだな。
早く踊ってみせてくれ。

よくばりなおじいさん ひゃあ、オニってやっぱり
怖い顔をしとるなあ。
こりゃ体が震えて踊れん。
ブルブル、ゾワゾワ……。

オニ①②③ なんだ、へたくそだなー。
よくばりなおじいさん いいから、早くこぶをとって
宝物があったらおくれよ。
オニ①②③ ムムム……。

11

オニ①②③の口を
逆さにする。

ムムム…

12

オニ①②③ よし、それならいいものを
やるぞ。
ムニュムニュムニュ……
よくばりなおじいさん く、くすぐったーい、
やめてくれ！

ムニュムニ
ムニュ

手を握り、よくばりなおじいさん
のほっぺに、はがしたこぶを貼る。

40

作り方 材料●カラー手袋／フェルト／トイクロス／綿／マジックテープ®（オス）／刺繍糸

1 アイテムやパーツを作る。

よいおじいさん

貼る

貼る　貼る

●→　貼る

はさんで貼る

フェルトを二重にする

貼る

はさんで貼る

トイクロス

刺繍

はさんで貼る

↓はさんで貼る

フェルトを二重にする　はさんで貼る　刺繍

よくばりなおじいさん

貼る

貼る

はさんで貼る

貼る　貼る

トイクロス　刺繍

こぶを縫いつける

はさんで貼る

フェルトを二重にする

↓はさんで貼る

刺繍　はさんで貼る

こぶ

フェルトを2枚合わせてまきかがり縫い（参考P.6）をする

綿　入れる

*2つ作る
[1つは裏にマジックテープ*（オス）を貼る]

木 *2つ作る

貼る

オニ①

トイクロス

裏面に貼る

●鬼の口

*3つ作る
赤鬼は黒、黄鬼は赤で作る
裏にマジックテープ*（オス）を貼る

オニ②

トイクロス

裏から貼る　貼る

貼る

オニ③

裏から貼る　貼る

貼る　貼る　貼る

トイクロス　貼る

貼る　貼る　貼る

裏面に貼る

2 手袋にアイテムやトイクロスのパーツを貼る。人形の裏にマジックテープ®（オス）を貼る。

表　裏

┈┈ グルーをつける部分

※指定の素材以外はフェルトで作る。

13 オニ①②③ ほら、みやげだ持って帰るといい。
よくばりなおじいさん ひゃあ、こぶが増えている！

オニ①②③を退場させる。

手をひろげる。

14 保育者 よくばりなおじいさんはこぶをもうひとつもらって家にとぼとぼ帰りましたとさ。おしまい。

41

金の斧 銀の斧

おはなし構成：山本省三

amicoのひとこと

このおはなしを通して
「正直であることの大切さ」を
感じてほしいと思います。
ストーリーがわかりやすいように
斧と女神様をメインに作りました♪

木こりが斧を
池に落としちゃうよ。
見つかるかな？

演じる前の準備

- 正直者の木こりを手袋に貼っ
ておく。
- そのほかのはがせるアイテム
を用意しておく。

はがせるアイテム

正直者の
木こり

よくばりな
木こり

女神

金の斧　銀の斧　鉄の斧

1

コーンコーン！

保育者 むかし、むかし、あるところに
正直者の木こりがいました。
正直者の木こり さあ、今日もこの斧で木を切り倒すぞ。
それっ、コーンコーン！

鉄の斧で、木を
切る動きをする。

2

保育者 スッポーン！
ジャバーン、ブクブクブク……。
正直者の木こり しまった！　手をすべらせて
池に斧を落としてしまったぞ。
どうしよう。

ブクブク
ブク……

鉄の斧を池のポ
ケットに入れる。

3

保育者 すると、池の中から女神様が現れました。
女神 これ、木こり。池に落としたのは
金の斧、銀の斧、どちらですか？

これ、木こり

女神を登場させ
両側に金と銀の斧を貼る。

4

どちらでも
ありません

正直者の木こり
女神様
どちらでもありません。
わたしが落としたのは
鉄の斧です。

鉄の斧を出し
3本まとめて持つ。

5

女神
なんて正直な木こりでしょう。
3本の斧をすべてあげましょう。
正直者の木こり
女神様、ありがとうございます。

すべて
あげましょう

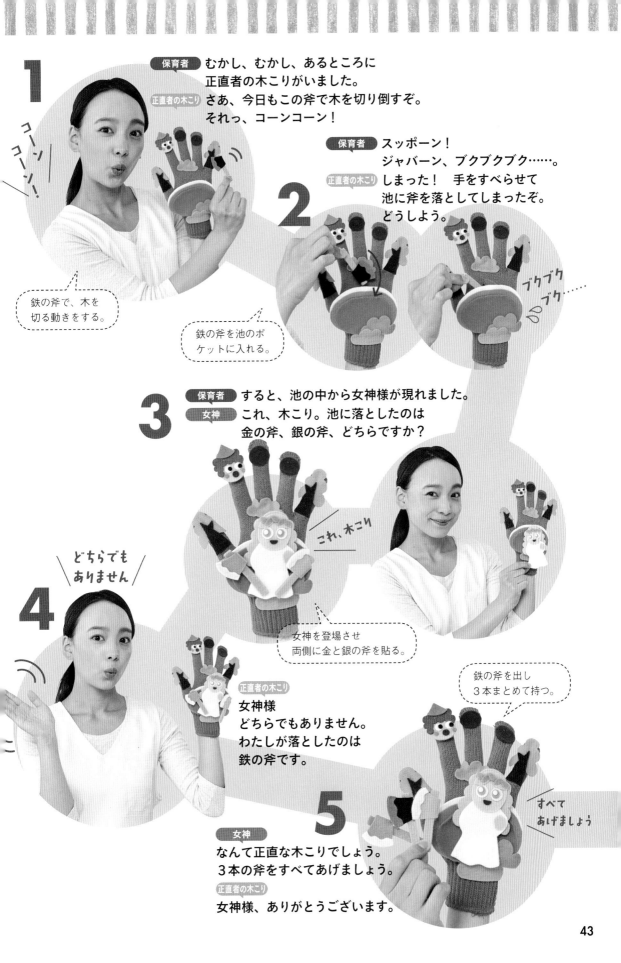

43

6

保育者 正直者の木こりは、このことを
仲間のよくばりな木こりに話しました。

よくばりな木こり そうか、それなら、俺も森に行って
斧を落としてみよう。

女神を退場させ、
よくばりな木こりを
登場させる。

よくばりな木こり
それっ、斧を池に投げ込むぞ。
ポイッ、ジャバーンッ！
ブクブクブク……。

7

正直者の木こりを退場
させ、鉄の斧を出して、
池のポケットに入れる。

ブクブク
ブク……

8

どちらですか？

金と銀の斧を持った
女神を貼る。

よくばりな木こり おっ、女神が出てきた、出てきた。

女神 落とした斧は、金と銀
どちらですか？

9

ヘヘヘ

よくばりな木こり へへへ、金と銀、どっちもです。
それに鉄の斧も、落としました。

よくばりな木こりの
指をゆらす。

嘘つきもの！

3本の斧を持った女神
を池の下へ動かし、そ
のまま退場させる。

10

女神 この、嘘つきもの！
許しません！

保育者 怒った女神様は
そのまま消えて
二度と現れませんでした。

作り方 材料●カラー手袋／フェルト／トイクロス／マジックテープ®（オス）／刺繍糸

1 アイテムやパーツを作る。

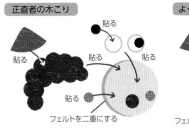

正直者の木こり
貼る
貼る
貼る 貼る 貼る
貼る
フェルトを二重にする

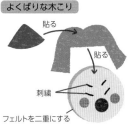

よくばりな木こり
貼る
貼る
刺繍
フェルトを二重にする

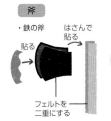

斧
・鉄の斧 はさんで貼る ・金の斧 ・銀の斧
貼る
フェルトを二重にする

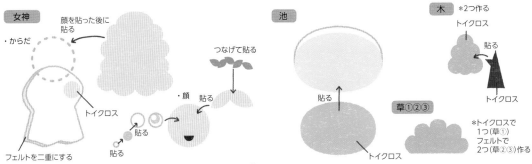

女神
顔を貼った後に貼る
・からだ
トイクロス
フェルトを二重にする
貼る
貼る

池
つなげて貼る
・顔 貼る
貼る

木 ＊2つ作る
トイクロス
貼る
トイクロス

草①②③
＊トイクロスで1つ（草①）
フェルトで2つ（草②③）作る
トイクロス

2 手袋にアイテムやトイクロスのパーツを貼る。人形の裏にマジックテープ®（オス）を貼る。

草①
裏
表
草②
草③

── グルーをつける部分
※指定の素材以外はフェルトで作る。

11 ああ、しくじったなぁ

よくばりな木こり ああ、しくじったなあ。
保育者 よくばりな木こりは、斧がなくなり木を切り倒す仕事もできなくなってしまったとさ。おしまい。

さるかに合戦

型紙 p.144

おはなし構成：山本省三

amicoのひとこと

ひとつひとつのアイテムの特徴を
わかりやすく作った作品です♪
おはなしを通して、それぞれの
登場人物の個性も子どもたちに
知ってもらえますように★

さるにだまされた
かにさん……。
かにさんの友だちは
どうするのかな？

演じる前の準備
・かにを手袋に貼っておく。
・そのほかのはがせるアイテ
　ムを用意しておく。

はがせるアイテム

はち　　　くり

柿の実　　青い柿の実

うす　　いろり　　さる　　おにぎり

かに　　　　柿の種

1

保育者
むかし、むかし、かにがいました。
おにぎりを食べようとしていると
さるがやってきて言いました。

おにぎりを出し、
かにに近づける。

さるを人差し指に貼
り、柿の種を近づける。

2

さる
かにさん、そのおにぎりと
この甘い実のなる柿の種を
とりかえてくれないかい。

かに
うん、いいよ。

さる
しめしめ、柿の実なんて
いつなるか
わからないからな。

おにぎりと柿の種
を貼りかえる。

3

保育者
かには庭に種を埋めて
一生懸命世話をしました。
すると、すぐに芽が出て
ぐんぐん育ちました。

かに
わーい！
早く実がならないかなあ。

さるとおにぎりをはがし、か
にと柿の種を木の下に貼る。

4

かに
ばんざーい！
実がなったあ。
でも
木に登れないから
とれないや。
こまったなあ。

柿の実と、青い柿
の実を貼る。

5

\ムシャムシャ/

さる
おっ、柿の実がなってるぞ。
横どりしてやろう。

保育者
さるは木にスルスル登り、
柿の実をとると、ムシャムシャ
食べはじめました。

さるを貼り、柿
の実を食べる動
きをする。

かに
いたたた！
さるさん、ひどいよー。

6

青い柿の実を
かににぶつける。

さる
ああ、うまい、うまい。

かに
ねえ、こっちにも
柿の実をくれないかい。

さる
ああ、いいよ。
それっ、この青いやつを食べろ！

7

かにをひっくり
返して貼る。

8

保育者 さるが帰った後、かにが泣いていると
友だちのくり、はち、うすが心配してやってきました。
かに シクシク、さるさんにだまされたんだ。
くり・はち・うす それは、ひどい。こらしめてやろう。

シクシク

ひどい!

さるを退場させかにを親指に貼り、くり、はち、うすの順に登場させる。

9

保育者 うすたちは
さるが留守の間に
家の中に隠れて
帰りを待ちました。

かにを退場させ、親指以外の手を握る。

さる おお。寒い、寒い。
いろりにあたろうっと。

10

さるを親指に貼った後、いろりを貼る。

11

パチーン!

くり パチーン、いろりの中に
隠れていたんだ。
よくもかにさんをいじめたな。
パチーン!
さる あちちち
焼きぐりがはじけて
やけどした!
水で冷やさなくちゃ。

くりを出し、さるにぶつかる動きをする。

うすを持ち、さるの上に乗る動きをする。

ドッスーン!

12

チクリ!

はち ブーン
かにさんをいじめたな。
チクリ!
さる 痛ーい!
逃げろー!

はちを持ち、さるを刺す動きをする。

13

うす ドッスーン! 天井に
いたのを気づかなかったな。
かにさんをいじめるやつは
逃がさないぞ。
さる ヒエーッ、
もうかんべんしてよー!
くり・はち・うす かにさんに謝れば
ゆるしてやろう。

作り方 材料●カラー手袋／フェルト／トイクロス／丸ゴム／マジックテープ®（オス）／刺繍糸

1 アイテムやパーツを作る。

さる
- はさんで貼る
- 貼る
- 貼る
- 貼る
- 刺繍
- フェルトを二重にする

かに
- はさんで貼る
- 貼る
- フェルトを二重にする
- はさんで貼る

うす
- フェルトを二重にする
- 貼る
- 貼る
- 貼る
- 貼る
- 刺繍

柿の実
- 貼る
- 貼る
- フェルトを二重にする
- *青い柿も作る

柿の種
- フェルトを二重にする
- 貼る

くり
- 刺繍
- 貼る
- 貼る
- フェルトを二重にする
- 貼る

はち
- 丸ゴム2本をはさんで貼る
- 刺繍
- はさんで貼る
- 右が手前になるように重ねて、はさんで貼る
- 右
- 貼る
- 貼る
- フェルトを二重にする

いろり
- まきの上に貼る
- 貼る
- 貼る

木
- トイクロス
- 貼る

おにぎり
- 貼る
- フェルトを二重にする

2 手袋にアイテムやトイクロスのパーツを貼る。人形の裏にマジックテープ®（オス）を貼る。

表

裏

— グルーをつける部分
※指定の素材以外はフェルトで作る。

（保育者）さるは、さっそく、かにのところへ謝りに行きました。

（さる）かにさん、ごめんなさい。

（かに）うん、これからはなかよくしようね。

14
ごめんなさい

かにを貼り、親指を曲げて謝る動きをする。

（保育者）
さるは、うすさんたちとも友だちになり次の年、柿の実がいっぱいなるとみんなでわけ合って食べましたとさ。おしまい。

15

かにを移動させ柿の実を木に貼る。

ジャックと豆のつる

型紙 p.145

おはなし構成：山本省三

魔法の豆を
手に入れた男の子の
おはなしをするよ

演じる前の準備

・ジャックを親指に貼り、それ以外の手を握って
　お城を隠しておく。
・そのほかのはがせるアイテムを用意しておく。

はがせるアイテム

大男

ジャック

うし

豆

にわとり

お金　金の竪琴　斧　豆のつる

1

あるところに
ジャックという男の子が
お母さんと暮らしていました。
家が貧しいため、街へ行って
飼っていたうしを売ることにしました。

うしを貼る。

2

保育者
ところが、途中でジャックは
白髭のおじいさんと出会い
魔法の豆と、うしを
とりかえてしまったのです。

うしと豆を貼りか
え、そのままうし
を退場させる。

4

豆をはがし、豆のつ
るを貼り、少しずつ
手をひろげていく。

3

豆をはがし
庭に貼る。

保育者
すると豆は
夜の間に芽を出し
つるが
ニョキニョキ
ニョキ……。

保育者
うしを豆と
とりかえたと聞いて
おかあさんはカンカン。
豆を庭にポイッ！

5

ジャック
ひゃあ、やっぱり
魔法の豆だったんだ！
つるが雲にまで届いているぞ！

6

ジャック
よし、登って
雲の上まで
行ってみよう。
よいしょ、よいしょ。

手をすべてひろげ、ジャッ
クをつるの上に貼る。

7

ジャック
雲の上に着いたぞ。
あれれ、大きなお城から
大きないびきが聞こえる。

大男
ゴウ、ゴウ、ゴウ。

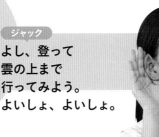

ジャックを雲の
上に貼る。

8 **保育者** ジャックは、お城の中でお金や
金のたまごを生むにわとりを見つけました。
ジャック わあ、ここには宝物がいっぱいだ。

お金、にわとりを貼る。

9 ポロン♪

ジャック おや、金の竪琴もあるぞ。
保育者 すると、竪琴が歌いだしました
琴 ポロン♪　ポロン♪
寝ている大男は大どろぼう
宝物を持ち主に返して〜
ポロン♪

金の竪琴を貼る。

大男を登場させ

10

11

保育者 ジャックは
宝物を背負うと
豆のつるをスルスルと
下りて行きました。
後から大男も
追いかけてきます。
大男 待てー！
ジャック つかまるもんか！

待てー！

宝物をはがし、ジャック
をつるに移動。大男も追
いかける動きをする。

保育者 すると、竪琴のうたで
大男が目を覚まして
しまいました。
大男 おい、宝物をよこすんだ。
おまえなんか
ひねりつぶしてやる！
ジャック わー、逃げなくちゃ！

つかまる
もんか

12

ジャックは庭に
大男はつるの
真ん中に貼る。

保育者
ジャックは庭に着くと
斧を持ってきて
つるを切り倒します。
コーンコーンコーン。

作り方　材料●カラー手袋／フェルト／トイクロス／綿／マジックテープ®（オス）／刺繍糸／接着芯

1　アイテムやパーツを作る。

ジャック
フェルトを二重にする
貼る
貼る
貼る
刺繍

豆
フェルトを2枚合わせてまきかがり縫い（参考P.6）をする
貼る
綿
入れる

お金
刺繍
フェルトを二重にする

にわとり
はさみで貼る
貼る
貼る
はさみで貼る
貼る
フェルトを二重にする

うし
貼る
貼る
貼る
貼る
フェルトを二重にする

金の竪琴
刺繍（端だけ縫う）
はさみで貼る
フェルトを二重にする

大男
貼る
はさみで貼る
貼る
貼る
貼る
貼る
刺繍

豆のつる
組み合わせる
貼る
裏に貼る
貼る
トイクロス
接着芯

地面
トイクロス

家
貼る
貼る

雲
フェルトの上にトイクロスを重ねる

お城
貼る

斧
はさみで貼る
貼る
フェルトを二重にする

2　手袋にアイテムやトイクロスのパーツを貼る。人形の裏にマジックテープ®（オス）を貼る。

表　　　裏

━ グルーをつける部分
※指定の素材以外はフェルトで作る。

保育者　つるは、メリメリ、バキバキ音をたてて倒れていきます。
大男　助けてくれえ！
保育者　大男はそのまま倒れ、豆のつるの下敷きになってしまいました。

保育者
ジャックが宝物を持ち主に返すとほうびをどっさりもらいました。その後、ジャックとおかあさんは幸せに暮らしたということです。おしまい。

助けてくれえ！

13

大男とつるを、倒れるようにはがして退場させる。

14

宝物を並べて貼る。

かさじぞう

型紙 p.146

おはなし構成：山本省三

amicoのひとこと

5本の指で表現したおじぞうさまに
笠とおじいさんの思いやりの心を
配るおはなしは、やさしい気持ちを
伝えられる作品ですね♪ むかしばなしを
ひとつでも多く伝えていけたらうれしいです。

やさしいおじいさんと
おじぞうさまの
おはなしをするよ

演じる前の準備

- おじいさんの頭に笠を貼る。
- おじいさんの後ろに4つ笠を貼る。
- おじぞうさまを隠すように手を握った状態で、
  おじいさんと家を貼っておく。
- 食べ物のアイテムを用意しておく。

はがせるアイテム

笠

食べ物

おじいさん

家

54

1

保育者 むかし、むかし、山奥に
貧しい暮らしのおじいさんがいました。

おじいさん 明日はお正月だというのに
食べ物がないとはなあ。
村まで行ってわらで編んだ笠を
売ってくるとするか。

2

家をはがす。

おじいさんの背中の
笠を見せる。

保育者 おじいさんは、村で
笠を売り歩きましたが
ひとつも売れませんでした。

おじいさん 笠を売ったお金で
食べ物を買って帰ろうと
思ったが無理じゃったのう。
お正月はなにも食べずに
寝て過ごすしかないのう。

すみません

手をひろげ、おじぞ
うさまを見せる。

3

保育者 家に帰る途中に
おじぞうさまが立っていました。

おじいさん おじぞうさま、お供え物も
できなくて、すみません。
どうかよい年を
迎えられますように
お願いします。

4

おじいさん
あれ、雪がずいぶん
降ってきたな。
おじぞうさまにこれ以上
雪が積もったら
かわいそうじゃな。
そうだ！

5

おじいさん
どうぞ、
この笠で雪を
よけてください。

背中の笠をいったん木にすべて貼り
ひとつずつおじぞうさまの頭に貼る。

6

おじいさん

おっと、
ひとつ足りないぞ！
そうだ。わしのを
お使いください。

おじいさんの笠をはがし
おじぞうさまに貼る。

7

保育者

おじいさんは
自分の笠を
おじぞうさまに
かぶせると
家に帰って行きました。

さようなら

おじいさんを
退場させる。

8

保育者

その夜
おじぞうさまがゴニョゴニョ
相談をはじめました。

ゴニョ
ゴニョ

家を貼り、おじぞうさま
を中央によせる。

保育者

相談が終わると、おじぞうさまは
おじいさんの家の前に
魚や野菜やお米やお餅を
どさりと置き
ドコドコドコと帰って行きました。

9

食べ物を貼る。

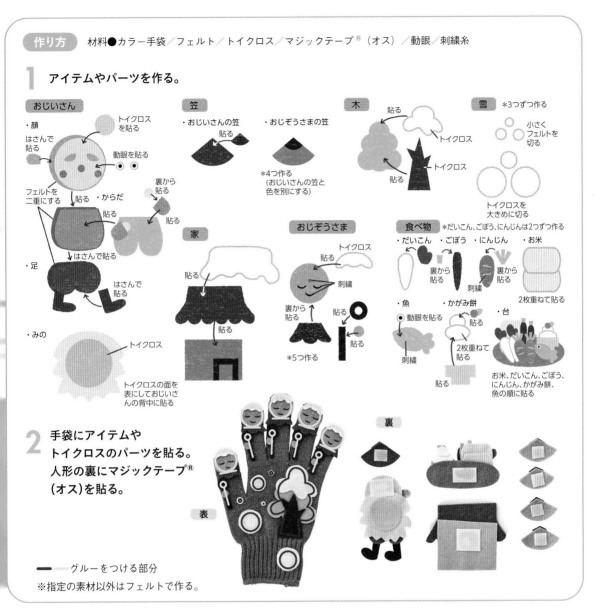

作り方 材料●カラー手袋／フェルト／トイクロス／マジックテープ®（オス）／動眼／刺繍糸

1 アイテムやパーツを作る。

おじいさん
・顔
はさんで貼る
トイクロスを貼る
動眼を貼る
フェルトを二重にする
貼る
・からだ
裏から貼る
貼る
貼る
はさんで貼る
・足
はさんで貼る
・みの
トイクロス
トイクロスの面を表にしておじいさんの背中に貼る

笠
・おじいさんの笠
貼る
・おじぞうさまの笠
貼る
*4つ作る
（おじいさんの笠と色を別にする）

家
貼る
貼る

おじぞうさま
トイクロス
貼る
刺繍
裏から貼る
貼る
貼る
*5つ作る

木
貼る
トイクロス
トイクロス
貼る

雪 *3つずつ作る
小さくフェルトを切る
トイクロスを大きめに切る

食べ物 *だいこん、ごぼう、にんじんは2つずつ作る
・だいこん ・ごぼう ・にんじん ・お米
裏から貼る
裏から貼る
刺繍
2枚重ねて貼る
・魚 ・かがみ餅 ・台
動眼を貼る
貼る
2枚重ねて貼る
刺繍
貼る
お米、だいこん、ごぼう、にんじん、かがみ餅、魚の順に貼る

2 手袋にアイテムやトイクロスのパーツを貼る。人形の裏にマジックテープ®（オス）を貼る。

表
裏

━━━ グルーをつける部分
※指定の素材以外はフェルトで作る。

保育者 物音に気づいたおじいさんは家の外に出てみました。
おじいさん あれま、これはこれは！

おじいさんを貼る。

10

おじいさん おじぞうさま、ありがとうございます。これでお正月のごちそうを作ることができ、よい年を迎えられます。
保育者 おじいさんはおじぞうさまに向かって手を合わせましたとさ。おしまい。

11

北風と太陽

型紙 p.147

おはなし構成：山本省三

旅人のマントを
脱がすことができるのは
北風かな？
太陽かな？

演じる前の準備

・北風と太陽を貼っておく。
・手の甲側にマントをつけた旅人と、
　帽子を貼っておく。

はがせるアイテム

 旅人

 太陽

 北風

 マント

 帽子

1 なんでも吹き飛ばすぞ

保育者：あるとき、いばりんぼうの北風が太陽に言いました。

北風：オレ様ほど、すごい者はいないと思わないか。なんでも吹き飛ばしてしまうんだからなあ。

太陽：そうかなあ。

2

北風：なんだとちがうって言うのか。だったら、オレ様と勝負をしてみろよ！

北風を大きくぐるぐると回す。

4

保育者：そこへ旅人が歩いてきました。

北風：おお、ちょうどいいぞ。あいつのマントをどっちが脱がすことができるか競争しよう。

太陽：わかった、そうしよう。

マントを貼った旅人を登場させる。

3

太陽：ああ、いいとも。でも、どうやって勝負をするのかな？

太陽を持って動かす。

5

北風：じゃあ、オレ様からだ。ビュウビュウそれ、マントを吹き飛ばしてやるぞ。

北風を旅人に近づけて風が吹くように動かす。

6

保育者：ところが、旅人は北風を寒がりマントをしっかり押さえ帽子までかぶりだしてしまいました。

旅人：おお、寒い、寒い。頭も寒いから帽子もかぶろうっと。マントもしっかり着ないと。

旅人に帽子をかぶせ、マントも顔が少し隠れるくらいに貼り直す。

7

太陽

じゃあ、わたしの番だね。
そらっ、わたしのあたたかい
光をどうぞ。ピカピカ。

太陽を持って
旅人の周りで
動かす。

8

旅人

おっ、
ポカポカしてきたぞ。
帽子をとろうっと。

旅人の帽子をとり
手袋の甲側に貼る。

9

太陽

さあ、もっとわたしの
気持ちのよい光をどうぞ。
ピカピカピカ。

太陽を旅人に近づける。

10

旅人 わあ、あったかくていい気持ちだ。
暑いくらいだからマントも脱ごう。

保育者 こうして太陽は、旅人のマントを
みごと脱がすことができたのです。

あったか～い

マントをとり、手袋
の甲側に貼る。

作り方 材料●カラー手袋／フェルト／トイクロス／マジックテープ® （オス）／リボン／刺繍糸

1 アイテムやパーツを作る。

旅人
- 貼る → トイクロス
- 貼る
- 貼る
- 貼る
- 貼る → トイクロス
- 貼る
- トイクロスを貼る
- はさんで貼る
- 貼る

帽子
- 貼る
- 貼る

マント
- リボンを貼る
- フェルトを二重にする

木
- 貼る
- 貼る

雲

山
- 重ねて貼る

道
- トイクロス

北風
- 貼る
- 貼る
- 貼る
- 貼る
- 裏から貼る
- 裏から貼る

太陽
- 貼る
- 貼る
- 貼る
- 刺繍
- 裏から貼る

2 手袋にアイテムやトイクロスのパーツを貼る。人形の裏にマジックテープ®（オス）を貼る。

表　裏

── ○○○○ グルーをつける部分
※指定の素材以外はフェルトで作る。

保育者 北風は自分が間違っていたことに気がつきました。
北風 ごめんな。もういばるのはやめるよ。
太陽 ああ、これからはなかよくしようね。

11 ごめんな

旅人を退場させる。薬指を曲げて、謝る動きをする。

保育者 北風と太陽、これからはなかよくできるといいね。おしまい。

12

みにくいあひるの子

型紙 p.149

おはなし構成：山本省三

> みんなと違う
> あひるの子どもは
> 大きくなったら
> どうなるかな？

演じる前の準備

- 両手の手袋をつけておく。
- 木の葉（春）を貼っておく。
- そのほかのはがせるアイテムを用意しておく。

はがせるアイテム

木の葉（春）

木の葉（夏）

木の葉（秋）

池の白鳥

1

保育者 グワッ、グワッ、グワッ。春です。あひるのおかあさんが生まれたばかりの子どもたちを連れて、散歩をしています。

グワッ グワッ

あひるの親子（右手袋）を見せる。

2

白鳥の子（左手袋）を見せる。

保育者 でも、一羽だけ、ほかの子どもたちと姿が違う子どもが生まれたのです。
白鳥の子 おかあさん、どうして、ぼくだけみんなと似ていないの？
あひるのおかあさん どうしてかしらね。おかあさんにもわからないわ。

3

近づかないで

白鳥の子を、あひるの子たちに近づける。

保育者 ほかの子どもたちは似ていないあひるの子をいじめます。
あひるの子 グワッ、グワッ。近づかないで。

4

白鳥の子だけを見せる。

保育者 似ていないあひるの子はいつも仲間外れです。
白鳥の子 ぼくなんていない方がいいんだ。どこか遠くへ行ってしまおう。

5

右手の手袋をいったんはがし木の葉（夏）に貼りかえる。

保育者 似ていないあひるの子は家族と離れて、一羽だけで暮らすことにしました。そのうちに夏になりました。
白鳥の子 さびしいいなあ。このまま、ずっとひとりぼっちなんだろうか。

6

（保育者）秋になっても、似ていないあひるの子は
やっぱりひとりぼっちでした。
（白鳥の子）もう秋か。ひとりぼっちがつらいなあ。

木を葉（秋）に
貼りかえる。

7

（保育者）冬が来ました。
（白鳥の子）寒いよう。
凍えるし、さびしいし
どうしたらいいんだろう。

寒いよう

木の葉（秋）をはがす。

8

ウキウキ

（保育者）1年がたち
また春がやってきました。
似ていないあひるの子は
なんとか冬を乗りこえました。
（白鳥の子）あたたかくなってきたな。
なんだかウキウキするな。

木の葉（春）を
貼る。

9

（白鳥の子）おや、あそこに白い大きな鳥がいるぞ。
そうだ、勇気を出して友だちになってって
声をかけてみようっと。
（保育者）似ていないあひるの子は
羽をひろげて、池の方にかけていきました。
すると、からだがフワリ。

池の白鳥を
登場させる。

右手の手袋をつけ、両
方の手袋を裏返し、大
きな白鳥を見せる。

10

（保育者）似ていないあひるの子は、いつの間にか
成長して、白鳥になっていました。
あひるのおかあさんが間違って
白鳥の卵をあたためてしまったのです。
（白鳥の子）わあ、ぼく、飛べるんだ。それに
池のきれいな鳥にそっくりだ。
おーい、友だちになってくださーい。

作り方 材料●カラー手袋／フェルト／トイクロス／マジックテープ®（オス）／動眼／刺繍糸

1 アイテムやパーツを作る。

あひるのおかあさん
刺繍
裏から貼る

あひるの子 *2つ作る
動眼
裏から貼る

白鳥の子
動眼
貼る
裏から貼る
貼る
裏から貼る

池の白鳥
貼る
動眼
貼る

大きな白鳥
・からだ
貼る　貼る　刺繍
裏から貼る

・羽
少しずらして貼る

木
トイクロス

木の葉
*3パターン作る
・春　貼る
・夏　・秋　貼る　刺繍

2 手袋にアイテムやトイクロスのパーツを貼る。人形の裏にマジックテープ®（オス）を貼る。

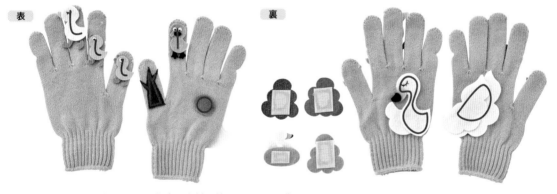

表　　　裏

━━グルーをつける部分　　※指定の素材以外はフェルトで作る。

11

保育者
こうして、白鳥は
ひとりぼっちではなくなりました。
そして、たくさんの仲間の白鳥と
楽しく過ごすようになりました。
おしまい。

十二支のはじまり

型紙 p.150

おはなし構成：山本省三

十二支の
はじまりについて
おはなしするよ

演じる前の準備

・手袋に動物を貼っておく。
・神様を用意しておく。

はがせるアイテム

ねずみ　　　うし　　　とら　　うさぎ　　たつ　　へび　　　　ねこ

うま　　ひつじ　　さる　　　とり　　いぬ　いのしし　　　神様

1 保育者 むかし、むかし、動物たちが
誰が動物の王様になるか
言い争っていました。
そこへ神様が現れて言いました。

神様を登場させる。

神様
2 動物たちよ。1年ずつ、順番に
王様になってはどうじゃ。
順番は1月1日にわたしのところに
あいさつにきた順にする。
ただし12番目までじゃ。

そうだ
チュウ！

ねこを退場させ
ねずみだけを残す。

保育者 神様が帰った後、ねこが
ねずみに聞きました。
ねこ 神様にあいさつしに行くのは
いつって言ったかニャア？
保育者 ねずみは嘘をつきました。
ねずみ 2日だよ、チュウ。

3

2日だよ

4 保育者 ねずみは考えました。
ねずみ 1番になるには
どうしたらいいかな？
そうだ、チュウ！

ねずみとねこを残し、神様と
ほかの動物を退場させる。

ねずみは貼ったまま、うしを道の
下の方から、上へ少しずつ動かす。

5

保育者 ねずみはうしに気づかれないように
背中にピョンと乗りました。
うし モ〜、あれれ、背中がむずむずするぞ。
まあいいや、出発だ、モ〜。

6

保育者 ゴーン、年越しの鐘が鳴りだしました。
うし モ〜、わしはゆっくり歩くから
そろそろあいさつに出かけようっと、モ〜。
ねずみ やっぱり、思った通りだ、チュウ。

親指を曲げ、ねずみをうしに近
づけた後、うしの後ろに貼る。

7

保育者	うしが歩いていくと さるといぬがけんかを していました。
いぬ	こっちの方が早起きだ ワン！
さる	いいや、こっちさ キッキ！
うし	さるといぬはいつも 仲が悪いなあ。
保育者	うしはかまわず 歩いていきました。

うしとねずみを道の上の方まで進めたところで、さるといぬを貼って動かす。

8

神様〜

| 保育者 | うしは
神様の家の前に
着きました。 |
| うし | よかった
まだ誰もいないぞ
モ〜。
神様〜。 |

うしを鳥居の前へ移動させる。

9

| 保育者 | うしが神様に
あいさつをしようとしたときです。
ねずみがうしの背中から
飛び降り、1番乗り。 |
| ねずみ | 神様、おめでとうございます。チュウ！ |

1番

うしを飛び越えてねずみを人差し指に貼る。

神様を登場させ、親指に貼る。

10

| 神様 | おめでとう。
ねずみが1番じゃな。 |
| うし | しまった！
先を越された
モ〜。 |

11

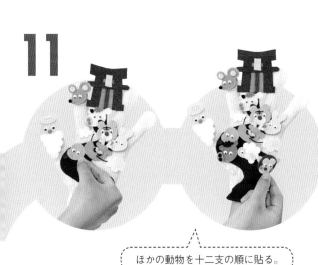

ほかの動物を十二支の順に貼る。

十二支の決まり！

こうして、ねずみを1番に、うし、とら、うさぎ、たつ、へび、うま、ひつじ、さる、とり、いぬ、いのししの順番で十二支が決まったのです。

12

だましたなぁ

神様を退場させ、ねこを貼る。

保育者 2日にあいさつにきたねこは
ねずみに嘘をつかれたと知って
カンカン。

ねこ よくもだましたなあ。
おかげで十二支に
なれなかったじゃないかニャア！

ねずみ 神様の言うことを聞いて
いなかったのが悪いんだ、チュウ。

13

保育者
ねこがねずみを
追いかけるのは
むかし、こんなことが
あったからなのです。
おしまい。

作り方 材料●カラー手袋／フェルト／トイクロス／丸ゴム／マジックテープ®（オス）／刺繍糸／動眼

1 アイテムやパーツを作る。

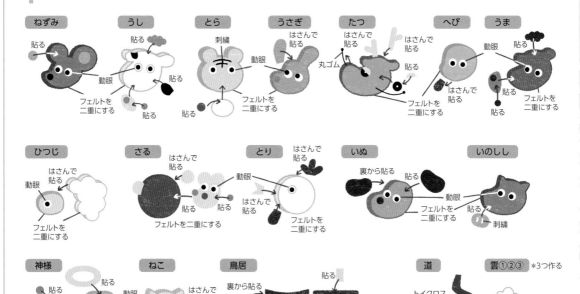

ねずみ 貼る／動眼／フェルトを二重にする／貼る

うし 貼る／刺繍／動眼／貼る／貼る

とら 刺繍／動眼／フェルトを二重にする

うさぎ はさんで貼る／動眼

たつ はさんで貼る／丸ゴム／フェルトを二重にする

へび 動眼／はさんで貼る

うま 貼る／動眼／貼る／貼る／フェルトを二重にする

ひつじ 動眼／はさんで貼る／フェルトを二重にする

さる はさんで貼る／動眼／貼る／貼る／フェルトを二重にする

とり はさんで貼る／動眼／はさんで貼る／フェルトを二重にする

いぬ 裏から貼る／貼る／動眼／フェルトを二重にする／貼る

いのしし 動眼／貼る／刺繍

神様 貼る／貼る／貼る／フェルトを二重にする

ねこ 動眼／はさんで貼る／丸ゴム／フェルトを二重にする

鳥居 裏から貼る／貼る／貼る／裏に貼る

道 ●完成形／トイクロス

雲①②③ *3つ作る

2 手袋にアイテムやトイクロスのパーツを貼る。人形の裏にマジックテープ®（オス）を貼る。

表 **裏**

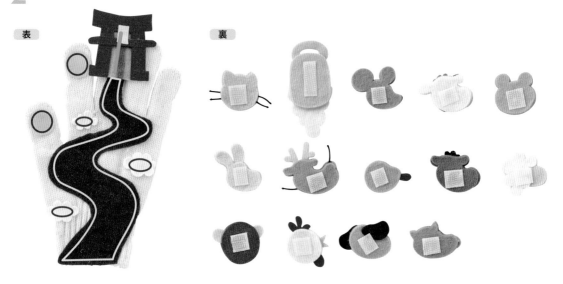

―――― グルーをつける部分　　※指定の素材以外はフェルトで作る。

70

2章
せいかつのおはなし

手洗い・うがい、歯みがき、食育など、
生活にかかせないテーマを作品化しました♪
子どもたちに伝えたい大切なテーマを
手袋シアターで楽しく話してみてください。

タトから帰ったら

型紙
p.152

おはなし：山本省三

amicoのひとこと

さるのモンちゃんは親しみを
もってもらえるような
キャラクターにしました♪　毎日の習慣を
モンちゃんと楽しんでもらえますように★

外から帰ったら
手洗い・うがい、
大切だよね。
さるのモンちゃんと
一緒に学んでね

演じる前の準備

・帽子を貼ったにっこりモンちゃ
んを、手袋に貼っておく。
・そのほかのはがせるアイテムを
用意しておく。

はがせるアイテム

バイキン虫めがね

帽子

にっこりモンちゃん

コップ　泡

吐き水　水

1

モンちゃん ただいまー！
保育者 モンちゃん
おかえりなさい。

2

モンちゃん 外で、友だちといっぱい
遊んできたんだ。
保育者 そう、楽しかったでしょ。
じゃあおやつにしようね。
でも、その前に
なにかすることがあるよね。

モンちゃんの
帽子をはがす。

4

保育者 ほら、モンちゃんの
手をよく見て。
モンちゃん わあ、なにかいる！
保育者 そう、病気のもとの
バイキンたちだよ。

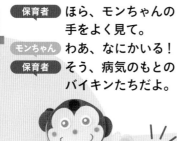

モンちゃんの手
にバイキン虫め
がねをあてる。

3

モンちゃん

その前にすることは
えーと、えーと。
なんだっけ？

えーと……

5

モンちゃん

じゃあ、手を洗わなきゃ！
せっけんをつけて、泡立てて、
手の表裏をゴシゴシゴシ。
指も1本ずつ、握ってゴシゴシゴシ。
爪と指の間も、手首もゴシゴシゴシ。

泡を貼って、手を
洗う動きをする。

泡をはがし、モンちゃん
の両手を上に上げる。

モンちゃん

泡を洗い流して
はい、きれいになったよ！

6

7

保育者 モンちゃん、もうひとつ外から帰ったら
してほしいことがあるんだけれど……。
モンちゃん えーと、えーと、なんだろう？

＼えーと／

8

モンちゃん みんなはなにか
わかるかな？

10

保育者 ほら、口の中も
病気のもとの
バイキンがいるよ。
モンちゃん アワワワ。

9

＼アーン／

> にっこりモンちゃんをはがし、口を開けた顔にする。

保育者 モンちゃん
アーンしてみて。
モンちゃん アーン！

> バイキン虫めがねを出し、口にあてる。

11

> 親指にコップを貼り、口に水を貼る。

保育者 うがいをしようね。
モンちゃん ガラガラガラ。

12

モンちゃん ガラガラガラ、ペッ！

ペッ！

> 水をはがし
> 吐き水を貼る。

＼ガラガラガラ／

作り方 材料●カラー手袋／フェルト／トイクロス／マジックテープ®（オス）／動眼／丸ゴム／接着芯／刺繍糸

1 アイテムやパーツを作る。

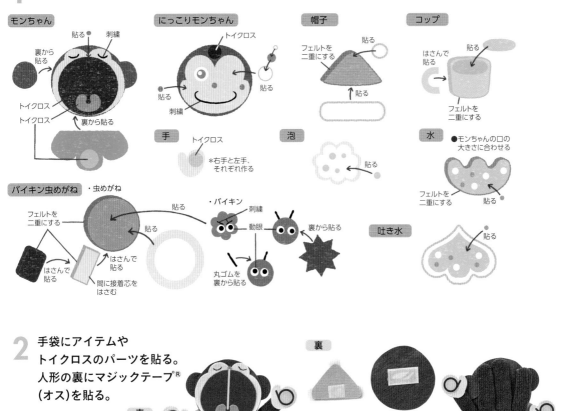

モンちゃん
貼る ● ／ 刺繍
裏から貼る
トイクロス
トイクロス
裏から貼る

にっこりモンちゃん
トイクロス
貼る
刺繍
貼る

帽子
フェルトを二重にする
貼る
↑貼る

コップ
貼る
はさんで貼る
フェルトを二重にする

手 トイクロス
*右手と左手、それぞれ作る

泡
貼る

水
●モンちゃんの口の大きさに合わせる
フェルトを二重にする
貼る

バイキン虫めがね
・虫めがね
貼る
貼る
フェルトを二重にする
はさんで貼る
はさんで貼る
間に接着芯をはさむ

・バイキン
刺繍
動眼
裏から貼る
丸ゴムを裏から貼る

吐き水
貼る

2 手袋にアイテムやトイクロスのパーツを貼る。人形の裏にマジックテープ®（オス）を貼る。

裏
表

┈┈━━グルーをつける部分
※指定の素材以外はフェルトで作る。

13 （モンちゃん）
ほら、手も口の中もきれいになったよ。

コップと吐き水をはがしにっこりモンちゃんを貼る。

14 （保育者）
きれいになったね。
じゃあ、おやつにしよう。
みんなも外から帰ったり
食べ物を食べたりするときには
手洗い、うがいをしようね。

かばくんの歯みがき

型紙
p.154

おはなし：山本省三

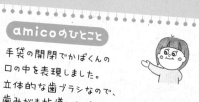

amicoのひとこと

手袋の開閉でかばくんの
口の中を表現しました。
立体的な歯ブラシなので、
歯みがき指導にも使いやすいです♪

口を閉じると……

かばくんと一緒に
歯みがきの大切さを
考えてみようね

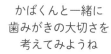

演じる前の準備

・かばくんの口を閉じて見せる。
・はがせるアイテムを用意して
　おく。

はがせるアイテム

歯ブラシ

コップ

バイキン
虫めがね

虫歯

きれいな歯

1

保育者 かばくんは、今日もごはん
いっぱい食べたね。

かばくん うん。おなかいーっぱい！
食べるのだーい好き！

2

保育者 でも、食べた後
なにか大切なこと
忘れてないかな？

かばくん えっ？　ごちそうさまは
言ったし、なにかなあ？

なにかなあ？

3

保育者 は、み、が、き。

かばくん ああ、そうか。
でもめんどくさいから
いいや。

4

保育者 いいのかなあ？

かばくん あれれ、口の中が
なんだかモゾモゾするよ。

モゾモゾ

5

アーン

かばくんの口を閉
じ、虫歯を貼る。

保育者 かばくん
ちょっと
口の中を見せて。

かばくん アーン。

保育者 ほら
虫歯菌が
いるよ。

かばくんの口を開け、バイ
キン虫めがねをあてる。

6

えー

保育者 このままにしておいたら
口の中に残った食べ物のカスに
虫歯菌がついて、歯を溶かしちゃうの。

かばくん えー！　虫歯になりたくないよ！

7 歯ブラシ ジャーン！ 私は歯ブラシ。
虫歯にならないためには、かばくん
どうしたらいいか、わかるよね。

かばくん うん、食べた後、歯ブラシで
歯をみがくこと！

歯ブラシ その通り！ 食べ物のカスを落とせば
虫歯菌もいなくなるからね。

歯ブラシを登場させる。

8 歯ブラシ かばくん、アーンして。

かばくん アーン。

歯ブラシ まず、上の歯をシャカ
シャカシャカ。
前歯も奥歯も
シャカシャカシャカ。

かばくんの口を開け
歯ブラシで上の歯をみ
がく。

9 歯ブラシ 下の歯も根元も
シャカシャカシャカ。
前も後ろも、歯と歯の間も
シャカシャカシャカ。

下の歯をみがく。

10 歯ブラシ みがき終わったら
口をすすいでおしまいさ。

かばくん ぐちゅぐちゅ、ぺっ！

虫歯をはがして、歯ブラシ
を貼る。コップで口の中に
水を入れる動きをする。

作り方　材料●カラー手袋／フェルト／トイクロス／マジックテープ®（オス）／接着芯／ポンポン／刺繍糸／丸ゴム／動眼

1 アイテムやパーツを作る。

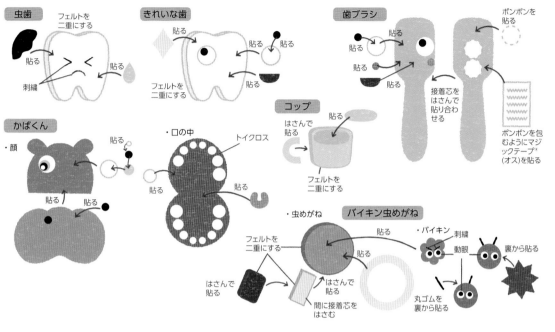

虫歯　フェルトを二重にする　貼る　刺繍　貼る

きれいな歯　貼る　貼る　貼る　フェルトを二重にする　貼る

歯ブラシ　ポンポンを貼る　貼る　貼る　貼る　接着芯をはさんで貼り合わせる　ポンポンを包むようにマジックテープ®（オス）を貼る

かばくん
・顔　貼る　貼る　貼る

・口の中　トイクロス　貼る　貼る

コップ　貼る　はさんで貼る　フェルトを二重にする

・虫めがね　フェルトを二重にする　貼る　貼る　はさんで貼る　間に接着芯をはさむ

バイキン虫めがね　貼る　・バイキン　刺繍　動眼　裏から貼る　丸ゴムを裏から貼る

2 手袋にアイテムやトイクロスのパーツを貼る。人形の裏にマジックテープ®（オス）を貼る。

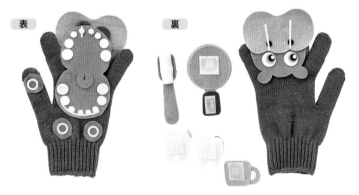

表　裏

------ グルーをつける部分
※指定の素材以外はフェルトで作る。

かばくん　ああ、口の中がさっぱりして気持ちいい！

きれいな歯　ほら、歯もピカピカになったよ！

11

> かばくんの口を閉じきれいな歯を貼る。

保育者　歯みがきの大切さよくわかったね。みんなも歯みがきを丁寧にしようね。

12

お腹のはなし

型紙 p.155

おはなし：山本省三

amicoのひとこと

わたしたちのからだの中は
どうなっているのかな？
子どもたちの興味や関心を引き出せる
ように、お腹の中を視覚化しました。

みんなのからだの
中はどうなって
いるのかな？

演じる前の準備

・はがせるアイテムを
　用意しておく。

はがせるアイテム

食べ物

ポテト
チップス

アイス
クリーム

弱った胃と腸

便器

ドロドロ
ウンチ

カチコチ
ウンチ

バナナ
ウンチ

元気な胃と腸

80

1

\ウーン／

男の子　ウーン、ウーン。
保育者　あれ、どうしたのかな？
男の子　ウンチがなかなか
　　　　出ないんだ。

2

便器とカチコチ
ウンチを貼る。

男の子　ウーン、ウーン、やっと
　　　　出たけど、カチコチウンチ。
保育者　それは、便秘かも
　　　　しれないよ。

3

カチコチウンチ
をはがす。

保育者　あれ、お腹を
　　　　押さえて
　　　　どうしたのかな？
男の子　ウンチが
　　　　すごくやわらかいんだ。

4

ドロドロウンチ
を貼る。

保育者　それは下痢だね。
男の子　ぼく、どうして
　　　　便秘や下痢になるのかなあ。
保育者　ちょっと、お腹の中を
　　　　見てみようよ。

5

便器とドロドロウンチ
をはがし、弱った胃と
腸を貼る。

保育者
下痢や便秘は
病気で起こることもあるけど
胃や腸の働きが
弱っていてもなるんだよ。
男の子
どうして
弱っているのかなあ。

6

保育者　アイスクリームやスナック菓子
冷たい物や油の多い物ばかり食べていると
胃や腸の働きが弱くなるんだよ。

アイスクリームとポテ
トチップスを貼る。

7

保育者　それと、運動不足もね。
体を動かさないと
胃や腸の働きが弱くなるよ。

男の子　じゃあ、胃や腸を
元気にするには
どうしたらいいのかな？

食べ物を貼る。

8

保育者
野菜、魚、肉など
いろいろな種類の食べ物を食べて
バランスよく栄養をとること。
それと、運動をしてしっかり眠ることも大切。
つまり規則正しい生活をすることだね。

9

保育者　そうすれば
胃も腸も元気になるよ。
男の子　うん、わかった。
ぼくやってみるよ。

元気な胃と腸に
貼りかえる。

10

食べ物をはがし
便器とバナナウ
ンチを貼る。

82

作り方　材料●カラー手袋／フェルト／トイクロス／マジックテープ®（オス）／動眼／刺繍糸／接着芯

1 アイテムやパーツを作る。

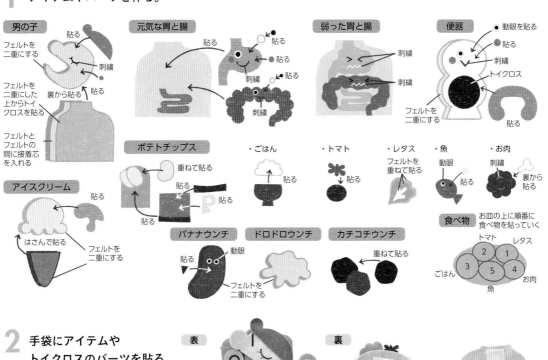

男の子
フェルトを二重にする
貼る
刺繍
裏から貼る
貼る
フェルトを二重にした上からトイクロスを貼る
フェルトとフェルトの間に接着芯を入れる

アイスクリーム
貼る
はさんで貼る
フェルトを二重にする

元気な胃と腸
貼る
貼る
貼る
貼る
刺繍
刺繍

ポテトチップス
重ねて貼る
貼る
貼る
貼る

バナナウンチ
貼る
動眼
フェルトを二重にする

ドロドロウンチ

カチコチウンチ
重ねて貼る

弱った胃と腸
刺繍
刺繍
フェルトを二重にする

・ごはん
貼る

・トマト
貼る

・レタス
フェルトを重ねて貼る

・魚
動眼
貼る

・お肉
刺繍
裏から貼る

便器
動眼を貼る
貼る
刺繍
トイクロス
フェルトを二重にする
貼る

食べ物　お皿の上に順番に食べ物を貼っていく
トマト　レタス
2　1
ごはん　3　5　4
魚　お肉

2 手袋にアイテムやトイクロスのパーツを貼る。人形の裏にマジックテープ®（オス）を貼る。

表　　裏

── グルーをつける部分
※指定の素材以外はフェルトで作る。

男の子 ばんざーい！
今日はお腹すっきり。
ウンチもすんなり出たよ。

保育者 ほんとだ
バナナウンチだね。
胃や腸が元気だと
バナナみたいな
ウンチが出るんだよ。

11

男の子 ようし、いろんな
食べ物を食べて
運動して、よく眠って
バナナウンチ
毎日出そうっと！

保育者 みんなもバナナウンチ
しようね！

元気な胃と腸をはがす。

いろいろな色の食べ物を食べよう！

型紙
p.158

おはなし：山本省三

amicoのひとこと

食べ物がおいしく見えるように
綿を入れてぷっくりと♪
いろいろな色の食べ物を食べることの大切さを
伝えるため、色とりどりのおかずで表現しました♪

パッくんみたいに
いろいろな色の
食べ物を
食べようね

演じる前の準備

・お皿の上にごはんとおかずを貼っておく。
・フォークとコップを用意しておく。

はがせるアイテム

からあげ

レタス

フォーク　コップ

ごはん

トマト

たまごやき

お皿

1

パッくん
ぼく、パッくん。
おなかすいちゃった！

2

保育者
はい、ごはんの時間だよ。
どうぞめしあがれ。

食べ物を貼った
お皿を出す。

4

パッくん
まず、お茶を
飲んでっと、
ゴクリ。

いただきます

3

パッくん
わあ、おいしそう！
いただきまーす！

お皿、フォーク、
コップを貼る。

からあげをフォークに
貼って、口に近づける。

パクパク

5

パッくん
茶色のからあげ
だーい好き！
パクパク。

85

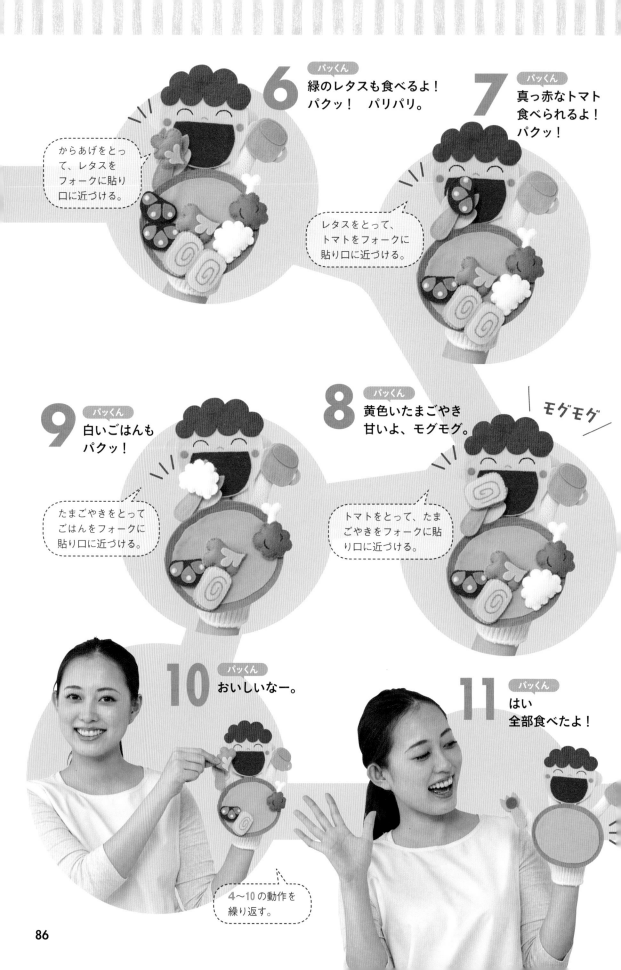

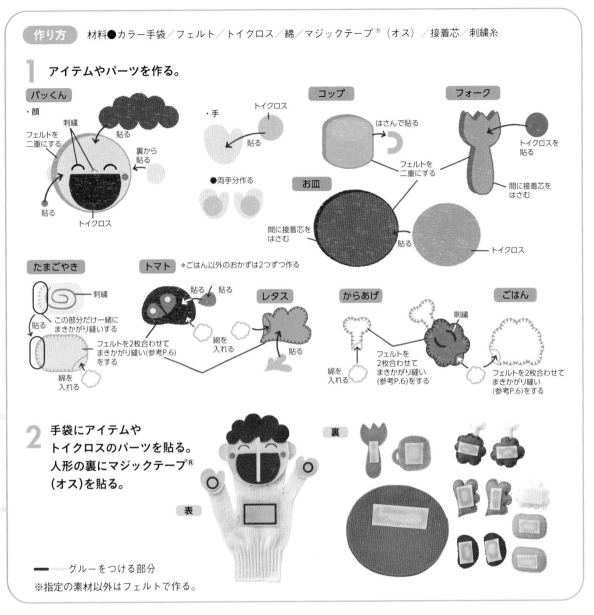

作り方 材料●カラー手袋／フェルト／トイクロス／綿／マジックテープ®（オス）／接着芯／刺繍糸

1 アイテムやパーツを作る。

パックん

・顔

刺繍
貼る
フェルトを二重にする
裏から貼る
貼る
トイクロス

コップ

・手
トイクロス
貼る
●両手分作る
はさんで貼る
フェルトを二重にする

お皿

間に接着芯をはさむ
貼る
トイクロス

フォーク

トイクロスを貼る
間に接着芯をはさむ

たまごやき

刺繍
貼る
この部分だけ一緒にまきかがり縫いする
綿を入れる
フェルトを2枚合わせてまきかがり縫い（参考P.6）をする

トマト ＊ごはん以外のおかずは2つずつ作る

貼る　貼る
綿を入れる

レタス

貼る

からあげ

刺繍
綿を入れる
フェルトを2枚合わせてまきかがり縫い（参考P.6）をする

ごはん

刺繍
フェルトを2枚合わせてまきかがり縫い（参考P.6）をする

2 手袋にアイテムやトイクロスのパーツを貼る。人形の裏にマジックテープ®（オス）を貼る。

裏

表

── ⋯⋯ グルーをつける部分

※指定の素材以外はフェルトで作る。

12

パックん ごちそうさまでした！

フォークとコップ、お皿をはがす。

13

保育者
パックん、好き嫌いなく
茶色のからあげ
赤いトマト
黄色のたまごやき
白いごはん
緑のレタス
いろいろな色の食べ物を
食べられたね。みんなも
いろいろな色を食べようね。

どんな花が咲くのかな

型紙
p.160

おはなし：山本省三

amicoのひとこと

お花が育っていく過程を
かわいいアイテムで伝えられる作品です♪
子どもたちに植物を育てる楽しさが
伝わりますように★

お花ってとっても
きれいだよね。
みんなもお花を
育ててみない？

演じる前の準備

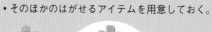

・手袋をつけ、芽を手の甲側に、写真のように貼っておく。
・そのほかのはがせるアイテムを用意しておく。

はがせるアイテム

芽　　太陽　　つぼみ×4

じょうろ　　花×4

葉　　　はち　　てんとうむし

ちょうちょ

1 保育者 まずは植木鉢に種をまくよ。

種をまく動きをする。

2 保育者 水をたっぷりあげようね。

じょうろを出し水をあげる動きをする。

3 保育者 わーい、種から芽が出てきた！
芽 こんにちは！

じょうろを親指に貼り、指を曲げて芽を見せる。

4 芽 おひさまの光気持ちいいな。いっぱい浴びて大きくなるね。

小指に太陽を貼り芽に近づける。

5 保育者 わあ、大きくなって葉っぱがいっぱい！

手をひろげ葉を貼る。

6 保育者 さあ、水やりも忘れないで続けようね。

じょうろで水をあげる動きをする。

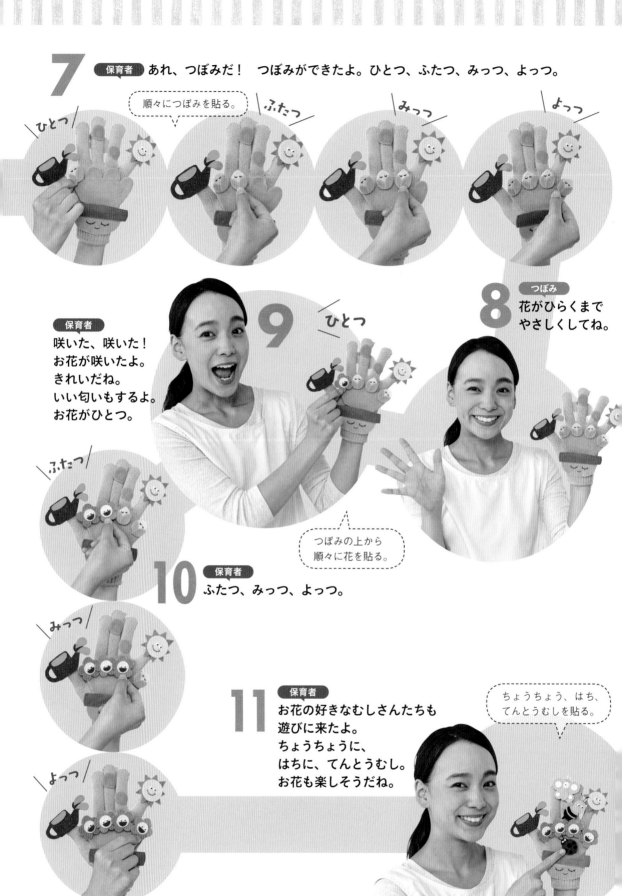

7 保育者 あれ、つぼみだ！ つぼみができたよ。ひとつ、ふたつ、みっつ、よっつ。

順々につぼみを貼る。

ひとつ　ふたつ　みっつ　よっつ

9 ひとつ

保育者 咲いた、咲いた！
お花が咲いたよ。
きれいだね。
いい匂いもするよ。
お花がひとつ。

ふたつ

8 つぼみ 花がひらくまで
やさしくしてね。

つぼみの上から
順々に花を貼る。

10 保育者 ふたつ、みっつ、よっつ。

みっつ

11 保育者 お花の好きなむしさんたちも
遊びに来たよ。
ちょうちょうに、
はちに、てんとうむし。
お花も楽しそうだね。

ちょうちょう、はち、
てんとうむしを貼る。

よっつ

90

材料●カラー手袋／フェルト／トイクロス／丸ゴム／マジックテープ®（オス）／動眼／刺繍糸

1 アイテムやパーツを作る。

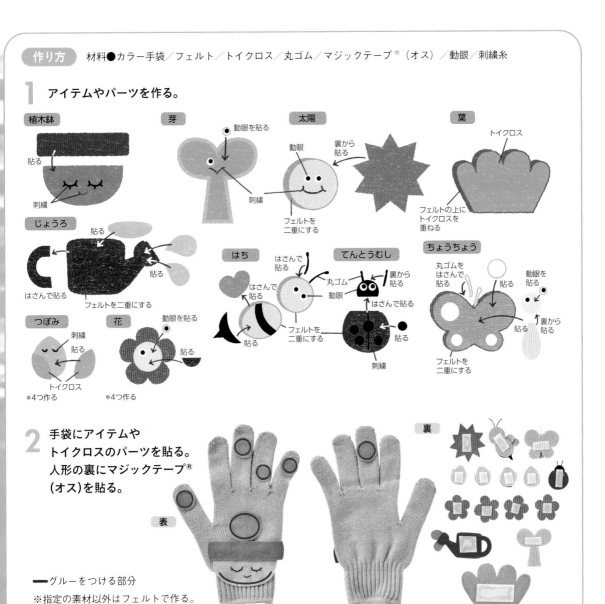

植木鉢
貼る
刺繍

芽
動眼を貼る
刺繍

太陽
裏から貼る
動眼
刺繍
フェルトを二重にする

葉
トイクロス
フェルトの上にトイクロスを重ねる

じょうろ
貼る
貼る
はさんで貼る
フェルトを二重にする

はち
はさんで貼る
はさんで貼る
貼る
フェルトを二重にする

てんとうむし
丸ゴム
動眼
裏から貼る
はさんで貼る
貼る
刺繍

ちょうちょう
丸ゴムをはさんで貼る
貼る
動眼を貼る
裏から貼る
貼る
フェルトを二重にする

つぼみ
刺繍
貼る
トイクロス
*4つ作る

花
動眼を貼る
貼る
貼る
*4つ作る

2 手袋にアイテムやトイクロスのパーツを貼る。人形の裏にマジックテープ®（オス）を貼る。

裏

表

──グルーをつける部分
※指定の素材以外はフェルトで作る。

＼ みんな楽しそう！ ／

12
お花を育てるの楽しかった。みんなも育ててみてね。

91

ゆりかごのうた

型紙 p.161 楽譜 p.174

おはなし：山本省三

amicoのひとこと

ひもを使ってゆりかごをゆらす
仕組みです。お昼寝前などに
楽しんでください♪

お昼寝の前に
かくれんぼなぞなぞを
するよ

演じる前の準備

• はがせるアイテムを
  用意しておく。

はがせるアイテム

月　　　リス（きねずみ）

カナリヤ

1
ブーラン、ブーラン、
これなあんだ？

ゆりかごをゆらす。

2
そう、ゆりかご。じゃあ、
かくれんぼなぞなぞ1問目。
ゆりかごに
かくれんぼしている
花はなあんだ？

＼1問目／

4
それじゃあ
かくれんぼなぞなぞ2問目。
クリスマスツリーに
かくれんぼしているしっぽが
ふさふさの動物はなあんだ？

＼2問目／

3
当たり！
ゆり、かごの
ゆりね

じゃあ、かくれんぼなぞなぞ3問目。
鳥のキツツキにかくれんぼしている
空にあるものなあんだ？

5
ク、リス、マスツリーで
答えはリスでした。

リス（きねずみ）を
登場させる。

6

＼3問目／

93

7

キツ、ツキで
月でした。

月を登場させる。

8

じゃあ、かくれんぼなぞなぞ
最後の問題。この黄色い鳥は
カナリヤっていうの。
カナリヤにかくれんぼしている
小さい虫はなあんだ？

カナリヤを
登場させる。

10

それじゃあ
ゆりかごのうたを歌って
お昼寝の時間にしようね。

9

プーン、チクリ！　カ、ナリヤで蚊でした。
これで、かくれんぼなぞなぞは、おしまい。

わかった
かな？

11

カナリヤを持つ。

12

びわの実を指さす。

13

きねずみがゆりか
ごを持ってゆする
動きをする。

♪ゆりかごのうたを
　カナリヤがうたうよ
　ねんねこねんねこ
　ねんねこよ

♪ゆりかごのうえに
　びわのみがゆれるよ
　ねんねこねんねこ
　ねんねこよ

♪ゆりかごのつなを
　きねずみがゆするよ
　ねんねこねんねこ
　ねんねこよ

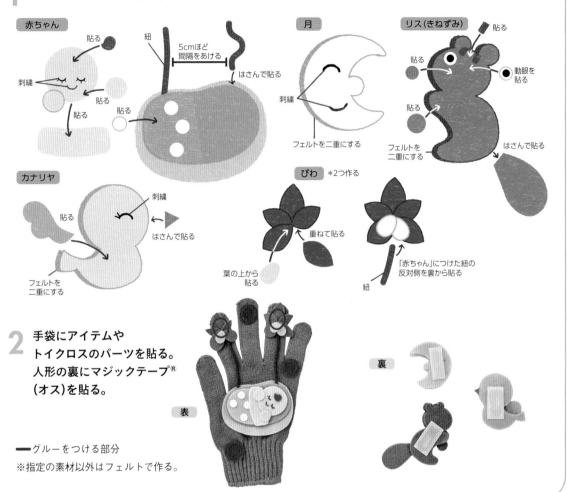

作り方　材料●カラー手袋／フェルト／トイクロス／マジックテープ®（オス）／動眼／紐／刺繍糸

1 アイテムやパーツを作る。

赤ちゃん

貼る
紐
5cmほど間隔をあける
刺繍
貼る
貼る
はさんで貼る

月
刺繍
フェルトを二重にする

リス（きねずみ）
貼る
貼る
貼る
動眼を貼る
フェルトを二重にする
はさんで貼る

カナリヤ
貼る
刺繍
はさんで貼る
フェルトを二重にする

びわ　*2つ作る
重ねて貼る
葉の上から貼る
「赤ちゃん」につけた紐の反対側を裏から貼る
紐

2 手袋にアイテムやトイクロスのパーツを貼る。人形の裏にマジックテープ®（オス）を貼る。

表

裏

━グルーをつける部分
※指定の素材以外はフェルトで作る。

14

月を持つ。

♪ゆりかごのゆめに
　きいろいつきがかかるよ
　ねんねこねんねこ
　ねんねこよ

15

保育者
みんなもゆっくり
お昼寝してね。

「おかしも」ってなあに？

型紙 p.162

おはなし：山本省三

amicoのひとこと
避難訓練用語の
「お・か（は）・し・も」。
視覚でわかりやすく、子どもたちに
伝えられるような作品に仕上げました♪

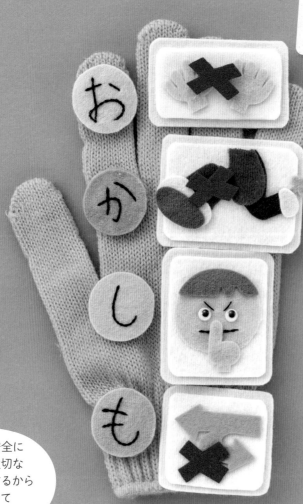

「おはしも」
にもできるよ！

みんなの安全に
かかわる大切な
おはなしをするから
よく聞いて
一緒に考えてね

演じる前の準備
• はがせるアイテムを
　用意しておく。

はがせるアイテム

お　　か　　は

し　　も

バツマーク（3つ）

おす

しゃべらない

かける（はしる）

もどる

96

1 保育者

メラメラメラ火事、グラグラグラ地震など
逃げなくちゃならないときがあるよね。
そのとき、みんなに必ず守ってほしいことがあるの。

2 保育者

はじめに『お』のつくこと。
なんだかわかるかな？

「お」を貼り、子ども
たちの答えを待つ。

「おす」を貼った後
上から「バツマーク」
を貼る。

押さない

3 保育者

そう、押さないの『お』。
お友だちを押さないこと。
押してひとりが倒れると
みんなが倒れて
逃げられなくなってしまうものね。

「か」を貼り、子ども
たちの答えを待つ。

4 保育者

2番目は『か』。
さあ、『か』からはじまる
してはいけないことはなにかな？

「はしらない」で伝えてい
る園は『は』を使用してく
ださい。

5 保育者

かけないの『か』ね。
かけると転んでけがをするし
ほかの人もつまずいて
転んでしまうからね。

「かける（はしる）」を
貼った後、上から「バ
ツマーク」を貼る。

97

6 保育者
今度は『し』からはじまること
なにかわかるかな？

「し」を貼り、子ども
たちの答えを待つ。

「しゃべらない」を貼る。

7 保育者
『し』はしゃべらない。
しゃべると注意の言葉が
聞こえなくなったり、
周りのことを
よく見られなくなったり
してしまうよね。

しゃべらない

保育者
おしまいは『も』。
『も』からはじまる
してはいけないことはなあに？

8

「も」を貼り、子ども
たちの答えを待つ。

「もどる」を貼った後
上から「バツマーク」
を貼る。

9
保育者
戻らないの『も』。
戻ると逃げるのが遅れるね。
そうなったら大変よ。
忘れ物などをしても
決して戻らないこと。

作り方　材料●カラー手袋／フェルト／トイクロス／マジックテープ® （オス） ／動眼／刺繍糸

1 アイテムやパーツを作る。

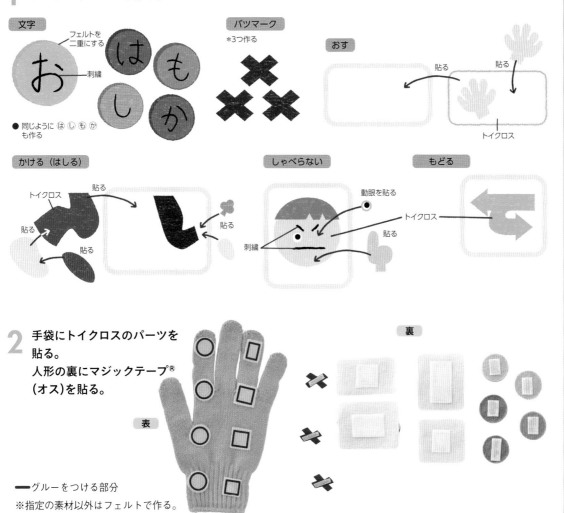

文字

フェルトを
二重にする

お

刺繍

● 同じように は し も か
も作る

バツマーク
*3つ作る

おす

貼る

貼る

トイクロス

かける（はしる）

トイクロス

貼る

貼る

貼る

貼る

しゃべらない

動眼を貼る

トイクロス

刺繍

貼る

もどる

2 手袋にトイクロスのパーツを 貼る。
人形の裏にマジックテープ® （オス）を貼る。

裏

表

——グルーをつける部分
※指定の素材以外はフェルトで作る。

約束よ

10

保育者

「おさない」「かけない」
「しゃべらない」「もどらない」
逃げるときには『お、か、し、も』
を必ず守ってね。
約束よ。

ライオンはライオン

型紙 p.163

おはなし：amico

amicoのひとこと

amico作の絵本を原案に
手袋シアターオリジナルのおはなしになり
ました！ それぞれの動物に個性や得意
があるように、子どもたちにも"自分の得意"
を大切にしてもらえたらうれしいです★

強いライオンと
たくさんの動物たちが
登場する
おはなしだよ

演じる前の準備

・ライオン①と動物たちを貼って
　おく。
・そのほかのはがせるアイテムを
　用意しておく。

はがせるアイテム

ライオン①

ライオン②

夜空

キリン

フクロウ

リス

シマウマ

カバ

むし

ヘビ

木の実

1

保育者　ある森に強い強いライオンがいました。
ライオンはほかの動物たちに
いつもこう言います。

ライオン　オレ様のように強くなれ。
オレ様のように筋肉をつけろ。
オレ様のように大きな声を出せ。

保育者　ほかの動物たちが「できないよ」と言っても

ライオン　それじゃだめだ！
オレ様のように強くならないと！

2

保育者
そんなある日ライオンが
けがをしました。
どんなに強いライオンでも
けがは痛い。

ライオン②に
貼り変える。

3

保育者
ライオンが困っていると
キリンが、長い首で
高い木にはえた
薬草をとってくれました。

キリンをもって、
木の葉に近づける。

4

保育者
フクロウは、暗闇に強い目で
夜の見回りを
してあげました。

フクロウの後ろに
夜空を貼る。

ヘビを持って、
ライオンに近づ
ける。

5

保育者
ヘビは、冷たいからだで
けがにまきついて
冷やしてあげました。

6 保育者
リスは、栄養たっぷりの
木の実をひろって
口の袋に入れて持ってきてくれました。

木の実をリスの
近くに貼る。

7 保育者
カバは、水辺で
たくさん水を
汲んできてくれました。

カバを持って、ライ
オンに近づける。

8

保育者
シマウマは、しっぽをくるくる。
小さなむしがライオンに
近づかないように
守ってくれました。

むしをライオンに近づけた
後、シマウマの近くに貼る。

9

保育者
ライオン
ライオンはそのとき気がつきます。
みんなそれぞれのよいところや、
得意なことがあるんだ。
オレ様のように、オレ様のように、って
森中の動物がみんな
ライオンになったらどうなるだろう?

みんな
みんなの
ままでいい

10

保育者
そのできごとから、ライオンは
「オレ様のように」とは
言わなくなりました。
みんな、みんなのままでいい。

材料●カラー手袋／フェルト／トイクロス／丸ゴム／マジックテープ®（オス）／動眼／刺繍糸

1 アイテムやパーツを作る。

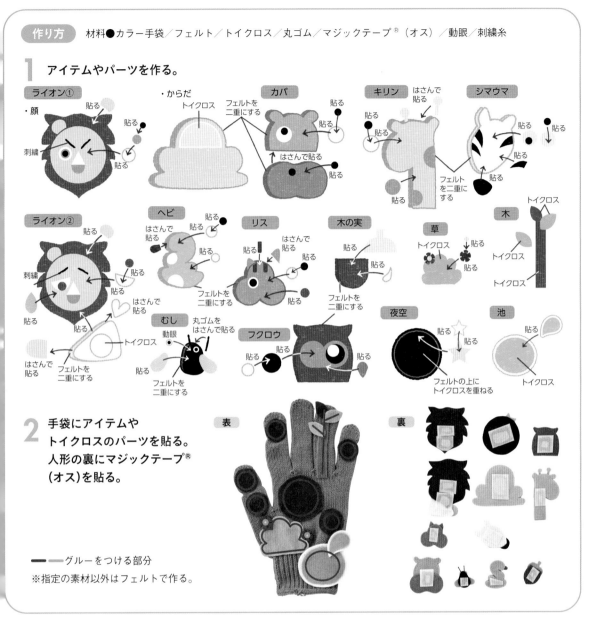

ライオン①
・顔
貼る
貼る
刺繍
貼る

・からだ
トイクロス

カバ
フェルトを二重にする
貼る
貼る
はさんで貼る
貼る

キリン
はさんで貼る
貼る
貼る
フェルトを二重にする
貼る

シマウマ
貼る
貼る
貼る
貼る

ライオン②
貼る
刺繍
貼る
貼る
貼る
はさんで貼る
トイクロス
はさんで貼る
フェルトを二重にする

ヘビ
はさんで貼る
貼る
貼る
貼る
貼る
フェルトを二重にする

リス
はさんで貼る
貼る
貼る
貼る
貼る
フェルトを二重にする

木の実
貼る
貼る
フェルトを二重にする

草
トイクロス
貼る
貼る

木
トイクロス
トイクロス
トイクロス

むし
動眼
丸ゴムをはさんで貼る
貼る
フェルトを二重にする

フクロウ
貼る
貼る

夜空
貼る
貼る
フェルトの上にトイクロスを重ねる

池
貼る
貼る
トイクロス

2 手袋にアイテムやトイクロスのパーツを貼る。人形の裏にマジックテープ®（オス）を貼る。

表

裏

―――― グルーをつける部分

※指定の素材以外はフェルトで作る。

11

保育者

みんなも周りを見てごらん。
自分にはないいいところや、
自分とはちがう得意なことをもった人が
いっぱいいるよね。
もちろんみんなにも自分だけの
得意なことがいっぱいあるんだよ。
みんなで楽しくなかよく過ごそうね。

ありがとうの虫めがね

型紙
p.165

おはなし：amico

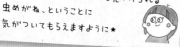

amicoのひとこと

「どんなところにありがとうがあるだろう？」
みんなの目は、ありがとうを見つけられる
虫めがね、ということに
気がついてもらえますように★

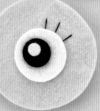

今日は
不思議な虫めがねの
おはなしをするよ

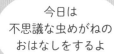

演じる前の準備

・女の子①を貼った手袋
をつけておく。
・ほかのはがせるアイテ
ムを用意しておく。

はがせるアイテム

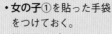

おとうさん・
おかあさん　　女の子①　　女の子②　　こころ

太陽・雨・緑　　プレゼント　　手助け　　目

1 保育者
これは、とっても
不思議な虫めがね。
『ありがとう』を見つけられる
虫めがねなんだって。
みんなでのぞいてみよう！

2 女の子
ありがとうを発見！
保育者
プレゼントをもらったとき。
なにかをもらうと
とってもうれしくて
『ありがとう』って言うよね。

虫めがねに
プレゼントを貼る。

3 女の子
ありがとうを発見！
保育者
手助けをしてもらったとき。
だれになにかしてもらうと
『ありがとう』って言うよね。

手助けを貼る。

おとうさん・おかあさんを貼る。

5 女の子
ありがとうを発見！
保育者
太陽に雨にきれいな緑。
自然があるから
私たちも生きていけるよね。

4 女の子
ありがとうを発見！
保育者
おとうさん、おかあさん、
いつもお仕事がんばってくれて『ありがとう』。
産んでくれて『ありがとう』。

太陽・雨・緑を貼る。

女の子②に貼り変え
こころを貼る。

6 女の子
あれ？『ありがとう』を探していると
『うれしい』や『元気』も一緒に
見つかってこころがとてもあたたかくなるよ。
保育者
『ありがとう』って言う方も
言われた方も『元気』をもらえるし
『うれしい』気持ちにもなるもんね。

【保育者】
じつはみんなも『ありがとうの虫めがね』を
持っていること、知っていた？
それは、みんなの目なんだよ。

7

目を貼る。

8

【女の子】
そうなんだ！ これから私も
自分の目で、たくさんの
『ありがとう』を
見つけてみるね！

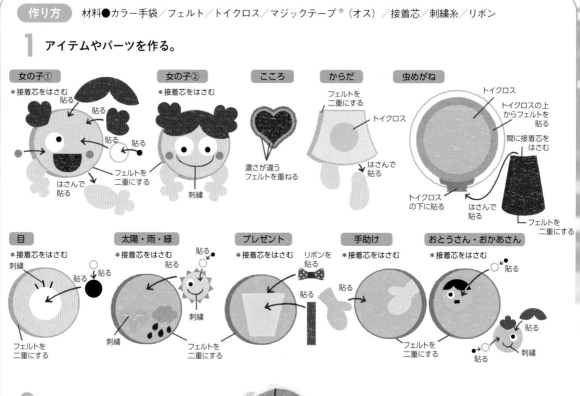

【作り方】 材料●カラー手袋／フェルト／トイクロス／マジックテープ®（オス）／接着芯／刺繍糸／リボン

1 アイテムやパーツを作る。

女の子①
＊接着芯をはさむ
貼る
貼る
貼る
貼る
フェルトを二重にする
はさんで貼る

女の子②
＊接着芯をはさむ
刺繍

こころ
濃さが違うフェルトを重ねる

からだ
フェルトを二重にする
トイクロス
はさんで貼る

虫めがね
トイクロス
トイクロスの上からフェルトを貼る
間に接着芯をはさむ
トイクロスの下に貼る
はさんで貼る
フェルトを二重にする

目
＊接着芯をはさむ
刺繍
貼る
フェルトを二重にする

太陽・雨・緑
＊接着芯をはさむ
貼る
刺繍
刺繍
フェルトを二重にする

プレゼント
＊接着芯をはさむ
リボンを貼る
貼る

手助け
＊接着芯をはさむ
貼る
フェルトを二重にする

おとうさん・おかあさん
＊接着芯をはさむ
貼る
貼る
貼る
刺繍

2 手袋にアイテムや
トイクロスのパーツを貼る。
人形の裏にマジックテープ®
（オス）を貼る。

表

裏

━━ グルーをつける部分
※指定の素材以外はフェルトで作る。

3章
あそびうた

あそびうたと一緒に楽しめる手袋シアターを紹介します♪
活動をはじめる前の導入や、すきま時間にも大活躍です！

おやったーべよ。

型紙 p.167　楽譜 p.174

『おやつたーべよ。』作詞・作曲：人見将之

amicoのひとこと

ひとつひとつの動作が楽しい
このうたを、アイテムでも
表現してみた作品です。子どもたちと
からだを大きく動かして楽しんでください♪

みんなが大好きなおやつが
たーくさん出てくる
うたを歌うよ。
おやつに合わせて
いろいろな動きをするから
まねしてみてね！

演じる前の準備
• はがせるアイテムを
用意しておく。

はがせるアイテム

いちご	みかん	ケーキ	パイナップル

ヨーグルト	せんべい	さくらんぼ	ちくわ	とうもろこし

1

♪おやつをたべよ　たべよ
おやつがだいすき　だいすき ］×2

2

♪いちご
ゴーゴー ］×4

手をグーにして
上に上げて

いちごを貼る。

3

♪みかん
んーんー ］×4

みかんを貼る。

グーのまま
自分のからだに
近づけて

4

♪さあ、こんどはいろんなおやつが
でてくるよ。みんなでいっしょに
やってみよう

♪ケーキ
キッキッ ］×4

おさるさん
みたいに

ケーキを貼る。

5

♪パイナップル
プルプルプル ］×4

腕とからだを
ふるわせて

パイナップルを
貼る。

6

♪ヨーグルト
とぉー ］×4

スーパーマン
みたいに
ジャンプ！

ヨーグルトを貼る。

109

7 ♪せんべい べぇー]×4

舌を出して べー

せんべいを貼る。

8 ♪さくらんぼ ぼぉ]×4

上を向いて ぼぉ……

さくらんぼを 貼る。

ちくわを貼る。

9 ♪ちくわ わぁー]×4

手を ひろげて

10 ♪とうもろこし しーっ]×4

一本指で しーっ

とうもろこしを 貼る。

11 ♪さあ、こんどはバラバラに おやつがでてくるよ。 みんなでいっしょに やってみよう

歌詞に合わせて、は がせるアイテムを選 び、また貼っていく。

ケーキ♪

みかん♪

♪ ケーキ　キッキッ
いちご　ゴーゴー
せんべい　べぇー
みかん　んーんー
パイナップル　プルプルプル
さくらんぼ　ぼぉ
いちご　ゴーゴー
ヨーグルト　とぉー
ちくわ　わぁー
ケーキ　キッキッ
パイナップル　プルプルプル

作り方 材料●カラー手袋／フェルト／トイクロス／マジックテープ®（オス）／動眼／刺繍糸／紐

1 アイテムやパーツを作る。

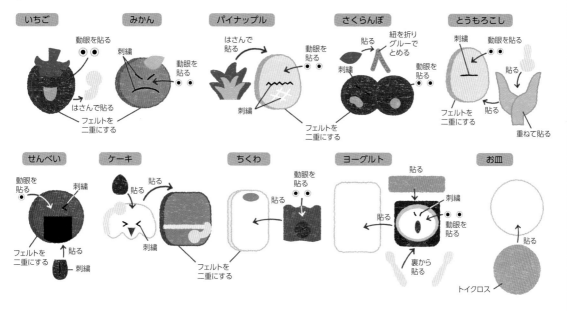

いちご
動眼を貼る
はさんで貼る
フェルトを二重にする

みかん
刺繍
動眼を貼る

パイナップル
はさんで貼る
動眼を貼る
刺繍
フェルトを二重にする

さくらんぼ
貼る
紐を折りグルーでとめる
刺繍
動眼を貼る

とうもろこし
刺繍
動眼を貼る
貼る
フェルトを二重にする
貼る
重ねて貼る

せんべい
動眼を貼る
刺繍
フェルトを二重にする
貼る
刺繍

ケーキ
貼る
刺繍

ちくわ
動眼を貼る
貼る
フェルトを二重にする

ヨーグルト
貼る
刺繍
動眼を貼る
貼る
裏から貼る

お皿
貼る
トイクロス

2 手袋にお皿を貼る。人形の裏にマジックテープ®（オス）を貼る。

表　　　　裏

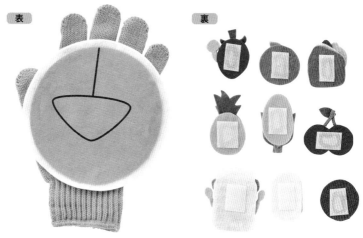

━━グルーをつける部分

※指定の素材以外はフェルトで作る。

12 ♪とうもろこし しーっ

とうもろこしを持ってうたを終える。

13 保育者
いろいろなおやつにいろいろな動き
とっても楽しかったね！
みんなはどのおやつが
いちばん好きかな？

111

まあるいたまご

型紙 p.168　楽譜 p.175

amicoのひとこと
1年を通して乳児さんクラスでも楽しんでもらえる作品です。大きなたまごから出てくるかいじゅうは子どもたちの人気者になると思います♪

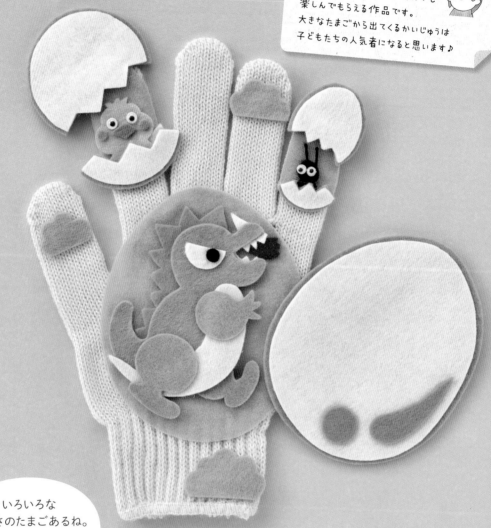

いろいろな大きさのたまごあるね。なにが入っているのかな？

演じる前の準備
・ひよこやかいじゅう、ありが見えないように、たまごをそれぞれ貼っておく。

はがせるアイテム

かいじゅうのたまご

ひよこのたまご（上）

ありのたまご（上）

1 ♪まあるいたまごが
　パチンとわれて

　パチン！

2 ♪なかからひよこが
　ピヨピヨピヨ

ひよこのたまご（上）
を、少しずつはがす。

4 ♪ちっちゃな
　たまごが
　パチンとわれて

　パチン！

3 ♪まあかわいい
　ピヨピヨピヨ

5 ♪なかからありさんが
　チョロチョロチョロ

6 ♪まあかわいい
　チョロチョロチョロ

ありのたまご（上）
を、少しずつはがす。

113

7 ♪ おおきなたまごが
パチンとわれて

パチン！

8 ♪ なかからかいじゅうが
ガオガオガオ

かいじゅうのたまごを
少しずつはがす。

\つよいぞ〜/

9 ♪ まあつよい
ガオガオガオ

10 保育者
たまごの大きさとおなじくらいの
いろいろな生き物が出てきて
おもしろいね。みんなはほかに
どんなたまごを知っているのかな？

材料●カラー手袋／フェルト／トイクロス／丸ゴム／マジックテープ®（オス）／動眼

1 アイテムやパーツを作る。

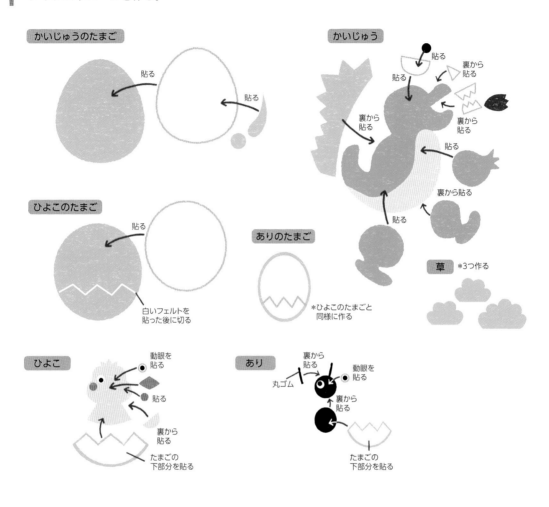

かいじゅうのたまご

貼る

貼る

かいじゅう

貼る

裏から貼る

貼る

裏から貼る

裏から貼る

貼る

貼る

裏から貼る

ひよこのたまご

貼る

白いフェルトを貼った後に切る

ありのたまご

*ひよこのたまごと同様に作る

草 ＊3つ作る

ひよこ

動眼を貼る

貼る

裏から貼る

たまごの下部分を貼る

あり

裏から貼る

丸ゴム

動眼を貼る

裏から貼る

たまごの下部分を貼る

2 手袋にアイテムやトイクロスのパーツを貼る。たまごの裏にマジックテープ®（オス）を貼る。

表

裏

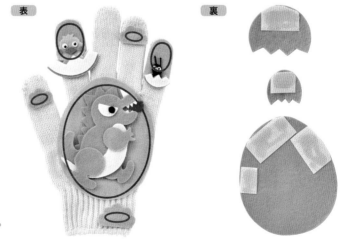

━━ グルーをつける部分
※指定の素材以外はフェルトで作る。

だるまさん

型紙 p.170　楽譜 p.175

amicoのひとこと

大胆な表情で、あっぷっぷーの
面白さを表現しました。
表情がよくわかるように、だるまさんの
顔の部分は大きく作っているので
大人数でも楽しめる手袋シアターです♪

だるまさんと
一緒にみんなで
にらめっこして
遊ぼうね！

演じる前の準備

・だるまさんに目を貼っておく。
・そのほかのはがせるアイテムを
　用意しておく。

はがせるアイテム

びっくり

あっぷっぷ

目

あっかんべ

笑い

1

♪だるまさん　だるまさん
にらめっこしましょ
わらうとだめよ

だるまさんに貼って
いた目をはがす。

2

♪あっぷっぷ

わぁ！

びっくり顔を貼る。

3

♪だるまさん　だるまさん
にらめっこしましょ
わらうとだめよ
あっぷっぷ

ぷー

あっぷっぷ顔に貼りかえる。

4

♪だるまさん　だるまさん
にらめっこしましょ
わらうとだめよ
あっぷっぷ

あっかんべ顔に
貼りかえる。

5

♪だるまさん　だるまさん
にらめっこしましょ
わらうとだめよ
あっぷっぷ

笑い顔に貼りかえる。

笑い顔をはがす。

6

保育者

いろいろな顔の
だるまさんがいて
おもしろかったね。
みんな笑っちゃったかな？

材料●カラー手袋／フェルト／トイクロス／マジックテープ®（オス）／接着芯／刺繍糸

1 アイテムやパーツを作る。

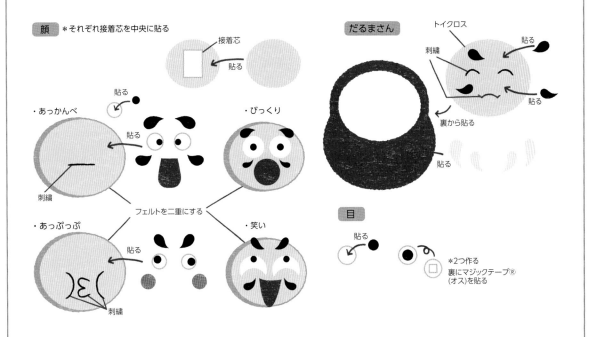

顔 ＊それぞれ接着芯を中央に貼る

接着芯

貼る

・あっかんべ
貼る
貼る
刺繍

・びっくり

フェルトを二重にする

・あっぷっぷ
貼る
刺繍

・笑い

だるまさん
トイクロス
刺繍
貼る
裏から貼る
貼る

目
貼る
＊2つ作る
裏にマジックテープ®
（オス）を貼る

2 手袋にだるまさんを貼る。顔の裏にマジックテープ®（オス）を貼る。

表 　　裏

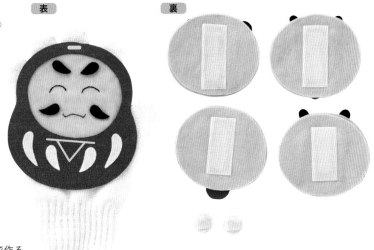

······ グルーをつける部分

※指定の素材以外はフェルトで作る。

げんこつやまの
たぬきさん

型紙 p.172　楽譜 p.175

amicoのひとこと

たぬきのあかちゃんを、
手袋シアターでお人形のように制作しました。
歌詞に出てくるいろいろな
動きを、手袋の両面を使って
楽しんでください♪

かわいい
あかちゃんたぬきが
やってきたよ。
なにをするか
見ていてね

演じる前の準備
・ミルクを用意しておく。

はがせるアイテム

ミルク

1 ♪ げんこつやまの
たぬきさん

手をグーにしてリズムに
合わせて動かす。

2 ♪ おっぱいのんで

ミルクを出して飲ませ
る動きをする。

3 ♪ ねんねして　　すやすや

たぬき（裏）を見せ
眠る動きをする。

4 ♪ だっこして

たぬき（表）を見せ、
だっこをする動きを
する。

5 ♪ おんぶして

たぬき（裏）を見せ
おんぶをする動きをする。

6 ♪ またあした

たぬき（表）を見せる。

7

かわいいたぬきのあかちゃんだったね。
みんなもおっぱいを飲んで
たくさんねんねして、大きくなったんだよ。

作り方　材料●カラー手袋／フェルト／トイクロス／マジックテープ®（オス）／刺繍糸

1 アイテムやパーツを作る。

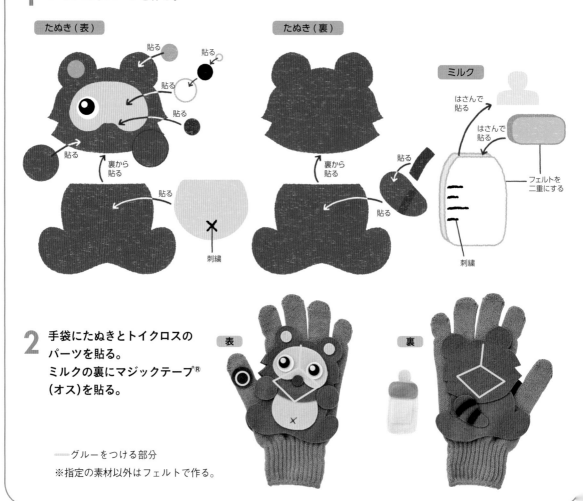

たぬき（表）

貼る
貼る
貼る
貼る
貼る
裏から
貼る
貼る
×
刺繍

たぬき（裏）

裏から
貼る
貼る
貼る

ミルク

はさんで
貼る
はさんで
貼る
フェルトを
二重にする
刺繍

2 手袋にたぬきとトイクロスの
パーツを貼る。
ミルクの裏にマジックテープ®
（オス）を貼る。

表

裏

――― グルーをつける部分
※指定の素材以外はフェルトで作る。

くまさん くまさん

型紙 p.173 楽譜 p.175

かわいいくまさんが
いろいろな動きをするよ。
みんなもまねして
みてね！

演じる前の準備

• 手袋をつけておく。

amicoのひとこと

かわいらしい表情と動きが
表現できるように仕上げました。
手をひねって曲げて、子どもたちといろいろな
動きを楽しんでください♪

1 ♪くまさんくまさん

2 ♪りょうてをついて

くまさんが両手をつく動きをする（人差し指と、薬指を曲げる）。

3 ♪くまさんくまさん かたあしあげて

くまさんが片足を上げる動きをする（親指、人差し指、薬指を曲げる）。

4 ♪くまさんくまさん まわれみぎ

くまさんの顔が右を向く動きをする（中指と薬指をひねる）。

5 ♪くまさんくまさん　さようなら

保育者
くまさんばいばーい

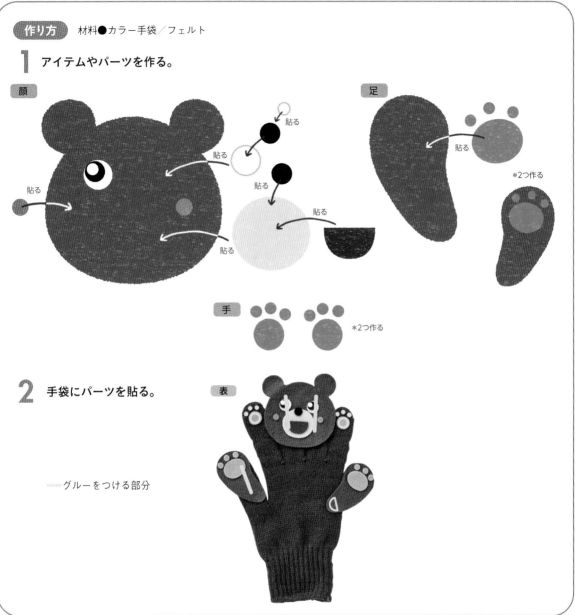

作り方　材料●カラー手袋／フェルト

1 アイテムやパーツを作る。

顔

貼る

貼る

貼る

貼る

貼る

足

貼る

＊2つ作る

手　＊2つ作る

2 手袋にパーツを貼る。

表

╌╌╌╌ グルーをつける部分

6

保育者

みんな、くまさんと同じ動きできたかな？
ほかにもどんな動きができるか
考えて遊んでみようね。

ずくぼんじょ

型紙 p.173　楽譜 p.175

うたにあわせて、
"にょきにょき"っと
あるものが出てくるよ

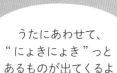

演じる前の準備

• つくしの手袋を握っ
て、緑の手袋でお
おって隠すように
する。

1

♪ずくぼんじょ
ずくぼんじょ
ずっきんかぶって
でてこらさい

2 保育者

にょきにょき〜
ぽん！
あ、つくしが
出てきたね。

＼1本／

つくしを1本出す。

＼2本／

3

＼3本／

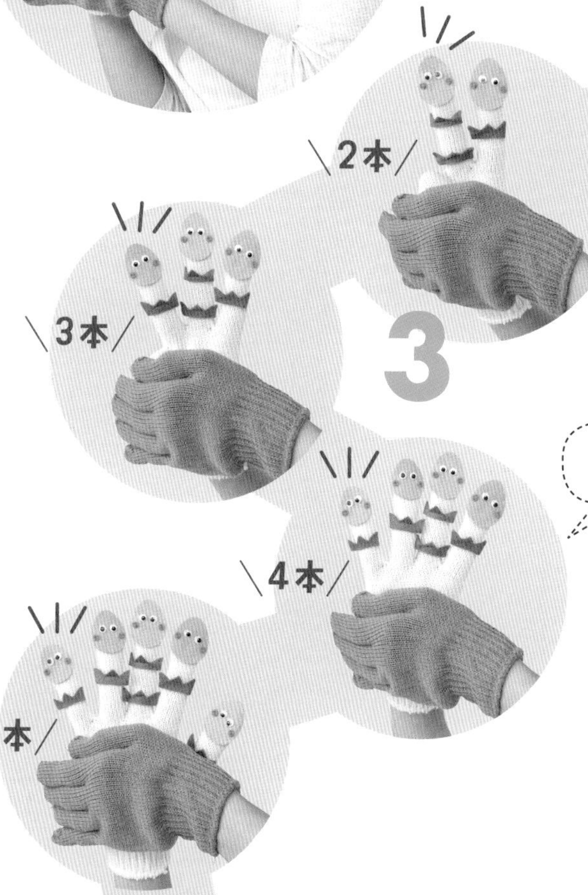

つくしを1本ずつ
出していく。

＼4本／

＼5本／

5 保育者

それではもう一度！

♪ずくぼんじょ
ずくぼんじょ
ずっきんかぶって
でてこらさい

4 保育者

5本のかわいいつくしだね。

もう一度つくしの手
袋を握って、緑の手
袋でおおって隠す。

6

保育者

ぽん！　わあ！　一度にたくさん
出てきたね！

つくしをまとめて出す。

7

保育者

元気でかわいいつくしたちが出てきたね。
春になったらつくしを探してみようね。

作り方　材料●カラー手袋／フェルト／動眼

1 アイテムやパーツを作る。

つくし

・顔　＊5つ作る

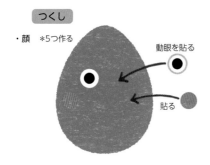

動眼を貼る

貼る

・ハカマ　＊6つ作る

手袋の指の幅に
合わせて切る

2 手袋につくしの顔と
ハカマを貼る。

表

━━━ グルーをつける部分

※指定の素材以外はフェルトで作る。

型紙

- 型紙はすべて実寸大なので、拡大コピーは不要です。
- 動眼やひも、鈴などのパーツも型紙を用意しているので、フェルトで作ることも可能です。

大きなかぶ p.10

- すべて実寸大です。
- アイテムのパーツを重ねて貼る場合は、適宜のりしろをとってください。
- グレーの型紙はトイクロス、もしくはマジックテープ ® （オス）で作るパーツです。

マジックテープ®
（オス）

かぶ

いぬ

ねずみ

まご

129

大きなかぶ

おばあさん

おじいさん

トイクロス
木①

トイクロス
木②

ねこ

トイクロス
草①

トイクロス
草②

トイクロス
草③

トイクロス
草④

トイクロス
手の甲

赤ずきんちゃん p.14

・すべて実寸大です。
・アイテムのパーツを重ねて貼る場合は、適宜のりしろをとってください。
・グレーの型紙はトイクロスで作るパーツです。

はさみ

赤ずきんちゃん

石

オオカミ

猟師

おばあさん

家

型紙

131

赤ずきんちゃん

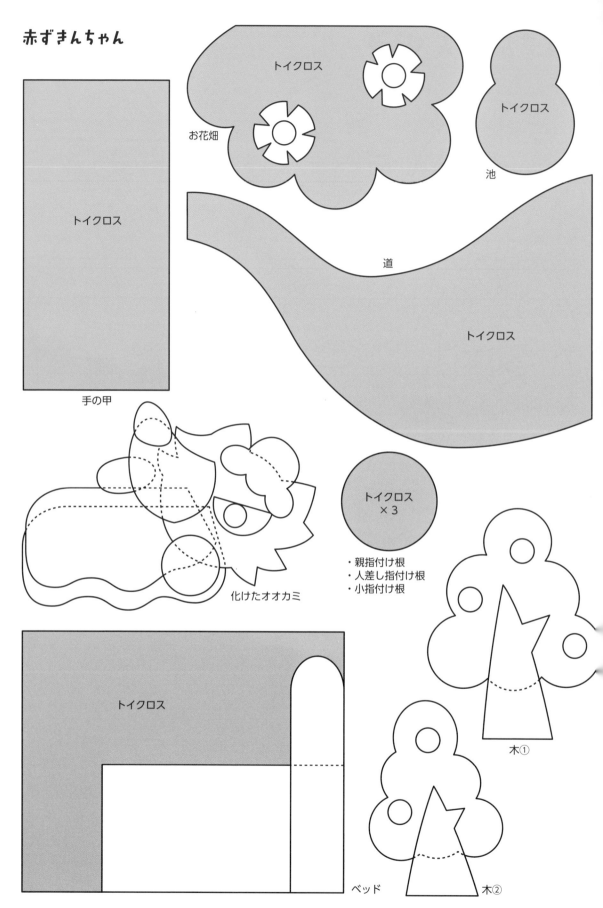

トイクロス

トイクロス

お花畑

池

道

トイクロス

手の甲

トイクロス

化けたオオカミ

トイクロス
×3

・親指付け根
・人差し指付け根
・小指付け根

木①

トイクロス

ベッド

木②

おむすびころりん p.18

・すべて実寸大です。
・アイテムのパーツを重ねて貼る場合は、適宜のりしろをとってください。
・グレーの型紙はトイクロスで作るパーツです。

おじいさん①

おむすび

よくばりなおじいさん

おじいさん②

ねずみ①

×5
小判

小判をいれる箱

ねずみ②

おむすびころりん

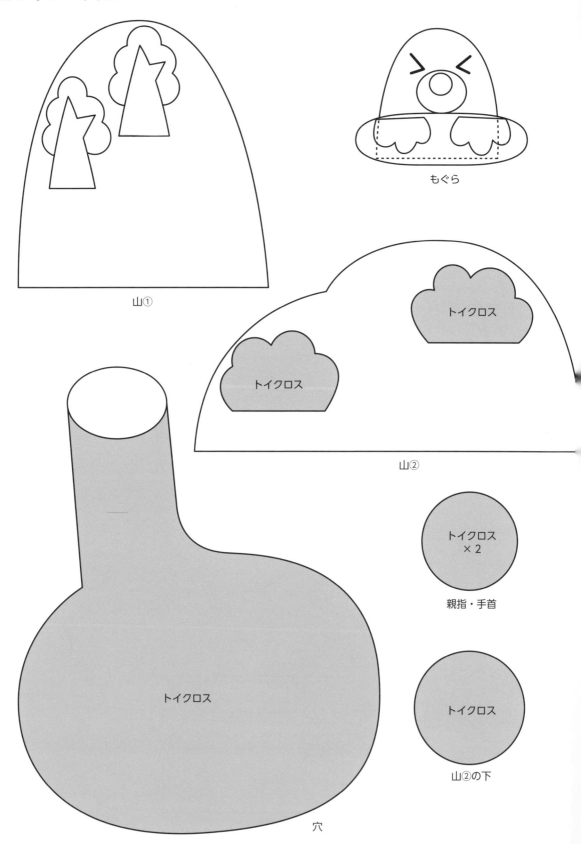

山①

もぐら

トイクロス

トイクロス

山②

トイクロス
× 2

親指・手首

トイクロス

山②の下

トイクロス

穴

3びきのやぎとトロル p.22

・すべて実寸大です。
・アイテムのパーツを重ねて貼る場合は、適宜のりしろをとって
　ください。

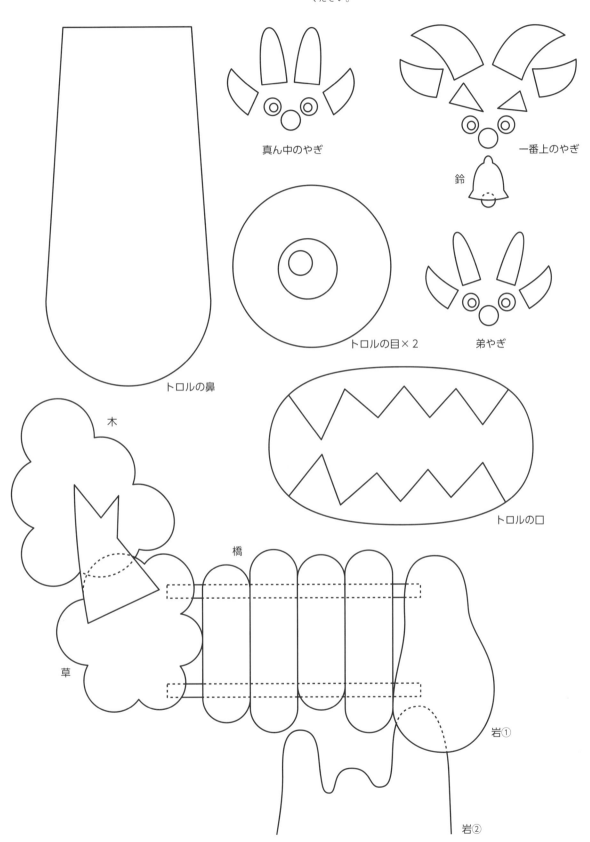

真ん中のやぎ

一番上のやぎ

鈴

トロルの目×2

弟やぎ

トロルの鼻

トロルの口

木

草

橋

岩①

岩②

ブレーメンの音楽隊 p.26

・すべて実寸大です。
・アイテムのパーツを重ねて貼る場合は、適宜のりしろをとってください。
・グレーの型紙はトイクロス、またはマジックテープ®（オス）で作るパーツです。

どろぼう

グラス

トイクロス

トイクロス

道

草

トイクロス

お肉

木①

トイクロス

トイクロス

窓

木②

家

ろば（表）

ねこ（表）

マジックテープ®
（オス）

マジック
テープ®
（オス）

マジック
テープ®
（オス）

ねこ（裏）

ろば（裏）

マジック
テープ®
（オス）

いぬ（表）

マジックテープ®
（オス）

にわとり（表）

マジックテー
プ®（オス）

マジック
テープ®
（オス）

にわとり（裏）

いぬ（裏）

137

逃げ出したパンケーキ p.30

・すべて実寸大です。
・アイテムのパーツを重ねて貼る場合は、適宜のりしろをとってください。
・グレーの型紙はトイクロス、またはマジックテープ® で作るパーツです。

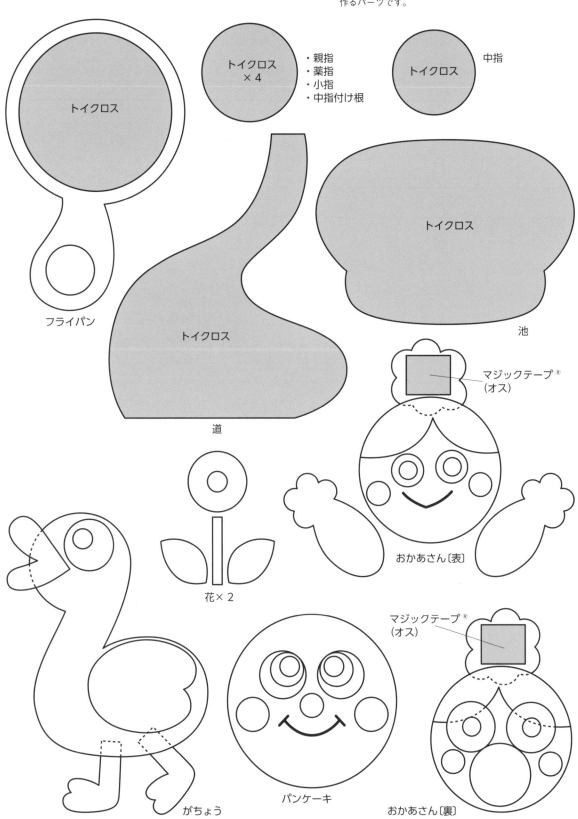

トイクロス

トイクロス ×4
・親指
・薬指
・小指
・中指付け根

トイクロス
中指

フライパン

トイクロス

トイクロス
池

道

マジックテープ®（オス）

おかあさん〔表〕

花×2

マジックテープ®（オス）

がちょう

パンケーキ

おかあさん〔裏〕

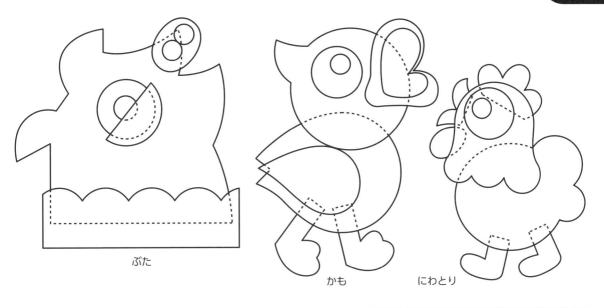

ぶた

かも　　　にわとり

はだかの王様　p.34

・すべて実寸大です。
・アイテムのパーツを重ねて貼る場合は、適宜のりしろをとってください。
・グレーの型紙はトイクロスで作るパーツです。

マント

トイクロス

男　　　　　　　　　　　　　　　　　　王様

はだかの王様

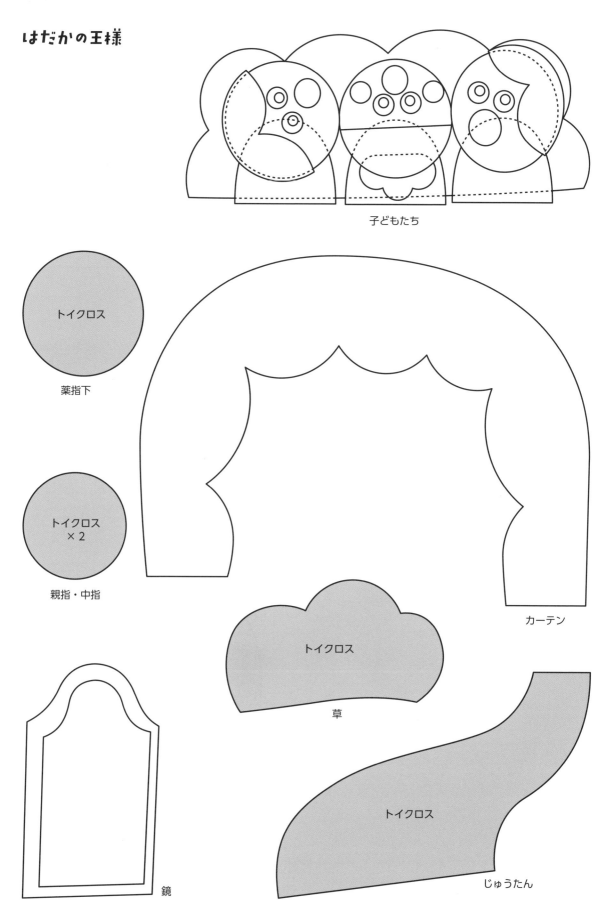

子どもたち

トイクロス

薬指下

トイクロス
× 2

親指・中指

カーテン

トイクロス

草

トイクロス

じゅうたん

鏡

140

こぶとりじいさん p.38

・すべて実寸大です。
・アイテムのパーツを重ねて貼る場合は、適宜のりしろをとってください。
・グレーの型紙はトイクロスで作るパーツです。

型紙

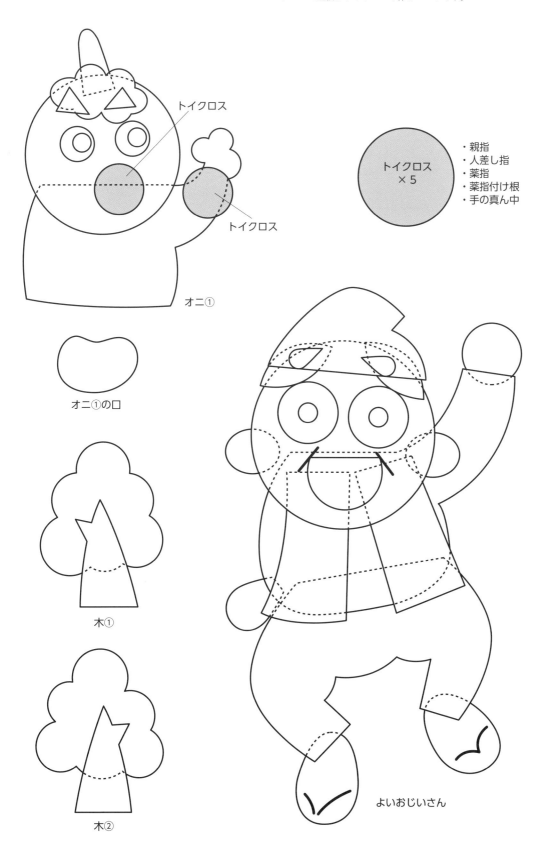

トイクロス

トイクロス

トイクロス
×5

・親指
・人差し指
・薬指
・薬指付け根
・手の真ん中

オニ①

オニ①の口

木①

木②

よいおじいさん

141

こぶとりじいさん

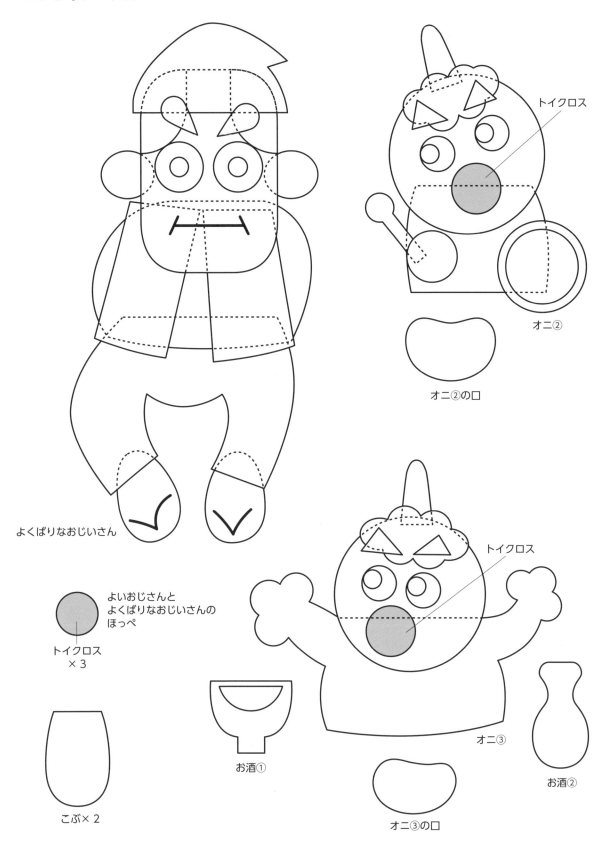

トイクロス

オニ②

オニ②の口

よくばりなおじいさん

よいおじさんと
よくばりなおじいさんの
ほっぺ

トイクロス
×3

トイクロス

お酒①

オニ③

お酒②

こぶ×2

オニ③の口

金の斧 銀の斧 p.42

・すべて実寸大です。
・アイテムのパーツを重ねて貼る場合は、適宜のりしろをとってください。
・グレーの型紙はトイクロスで作るパーツです。

正直者の木こり

よくばりな
木こり

トイクロス

トイクロス

斧×3
・鉄の斧
・金の斧
・銀の斧

木②

女神

トイクロス
×3

・人差し指
・中指
・薬指

トイクロス

草①(中指の付け根)

草③

トイクロス

トイクロス

木①

草②

池

さるかに合戦 p.46

・すべて実寸大です。
・アイテムのパーツを重ねて貼る場合は、適宜のりしろをとってください。
・グレーの型紙はトイクロスで作るパーツです。

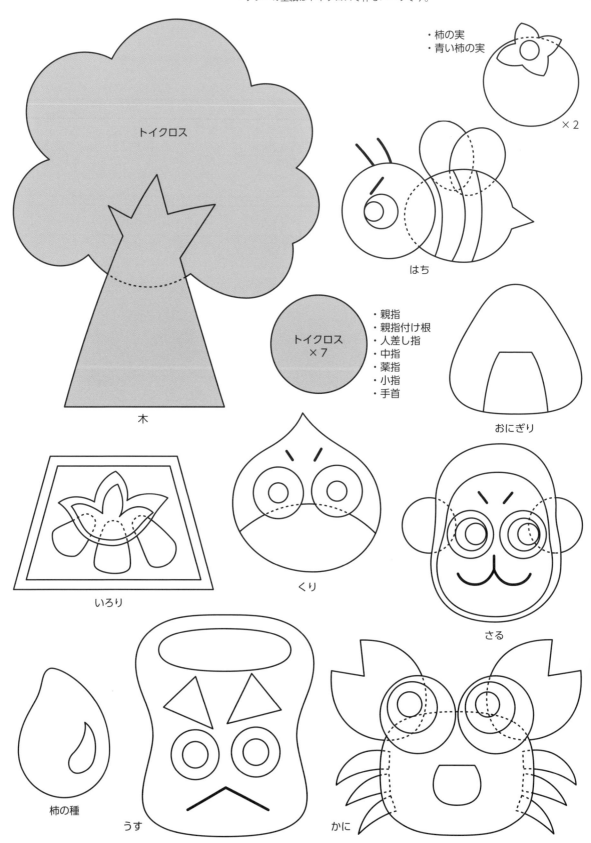

・柿の実
・青い柿の実
×2

トイクロス

木

はち

トイクロス
×7

・親指
・親指付け根
・人差し指
・中指
・薬指
・小指
・手首

おにぎり

いろり

くり

さる

柿の種

うす

かに

144

ジャックと豆のつる p.50

・すべて実寸大です。
・アイテムのパーツを重ねて貼る場合は、適宜のりしろをとってください。
・グレーの型紙はトイクロスで作るパーツです。

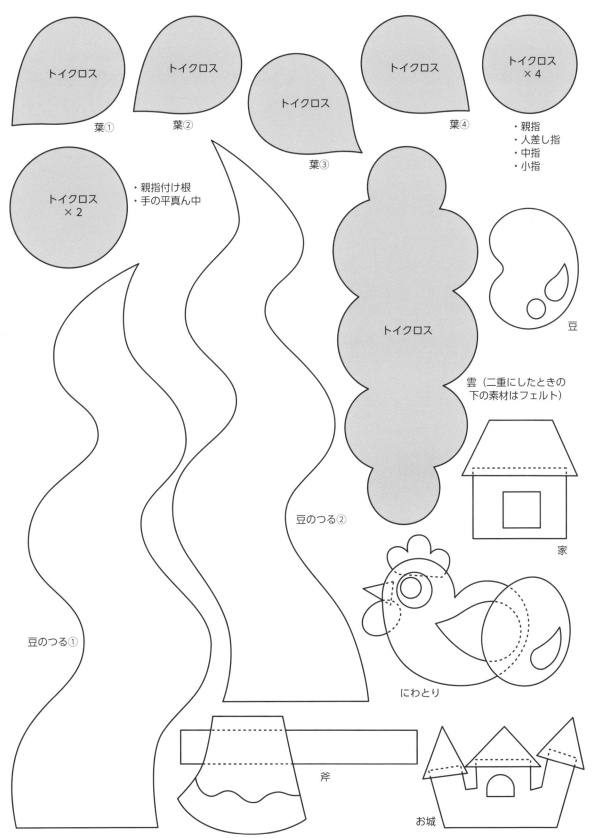

トイクロス
葉①

トイクロス
葉②

トイクロス
葉③

トイクロス
葉④

トイクロス
×4

・親指
・人差し指
・中指
・小指

トイクロス
×2

・親指付け根
・手の平真ん中

トイクロス

豆

雲（二重にしたときの
下の素材はフェルト）

豆のつる②

豆のつる①

家

にわとり

斧

お城

ジャックと豆のつる

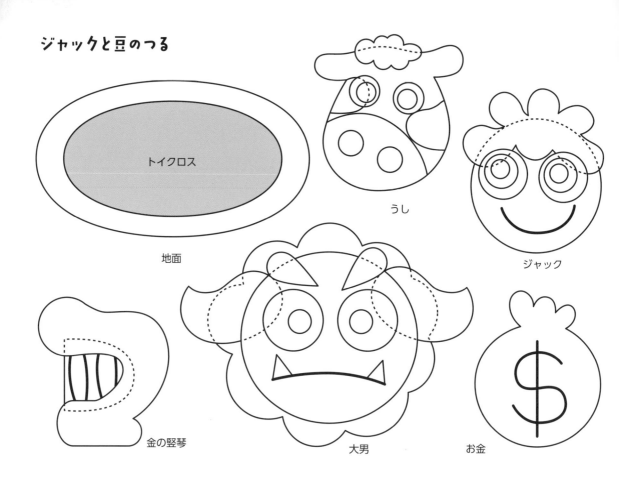

トイクロス

地面

うし

ジャック

金の竪琴

大男

お金

かさじぞう　p.54

・すべて実寸大です。
・アイテムのパーツを重ねて貼る場合は、適宜のりしろをとってください。
・グレーの型紙はトイクロスで作るパーツです。

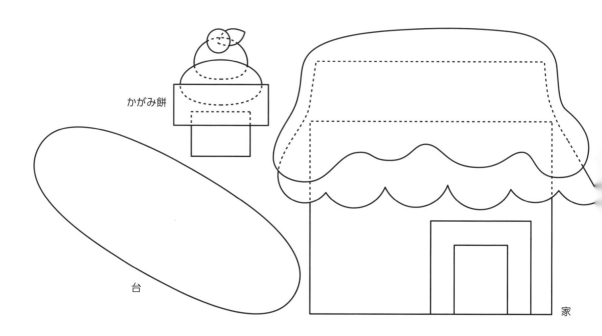

かがみ餅

台

家

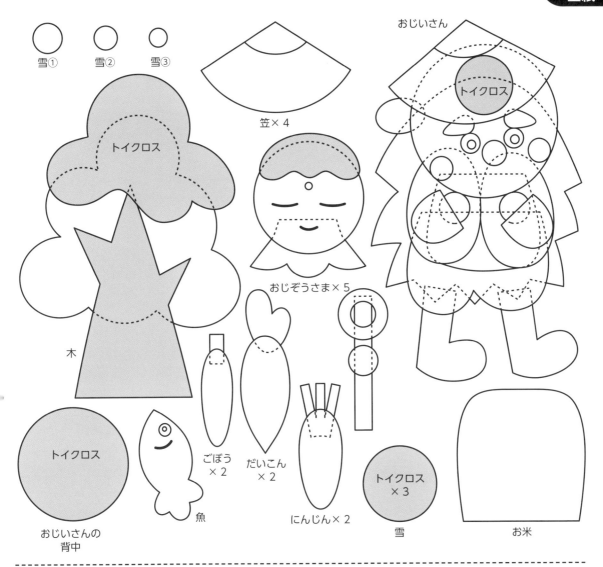

雪① 雪② 雪③

笠×4

おじいさん

トイクロス

トイクロス

木

おじぞうさま×5

トイクロス

ごぼう
×2

だいこん
×2

にんじん×2

魚

おじいさんの
背中

トイクロス
×3

雪

お米

北風と太陽 p.58

・すべて実寸大です。
・アイテムのパーツを重ねて貼る場合は、適宜のりしろをとってください。
・グレーの型紙はトイクロスで作るパーツです。

雲

山

太陽

北風

北風と太陽

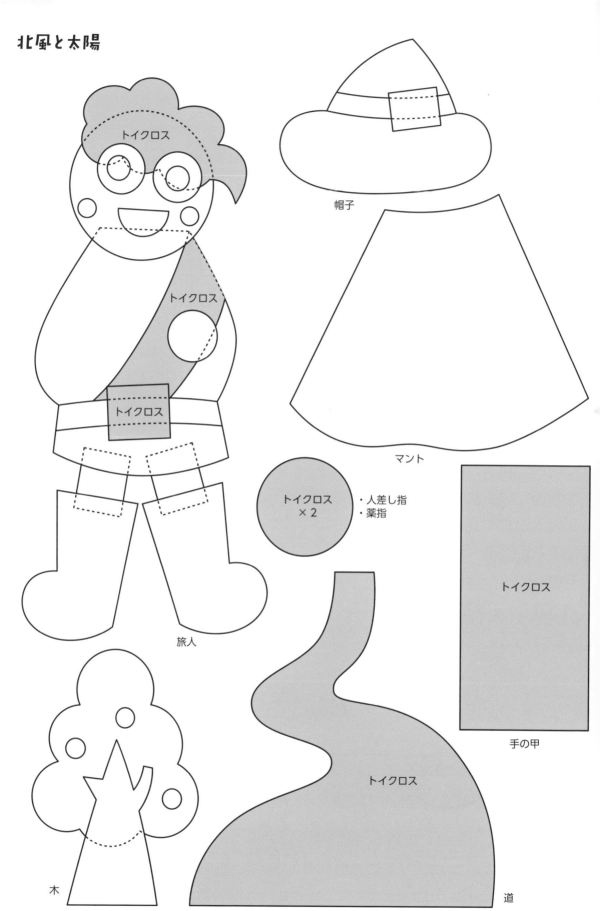

トイクロス

トイクロス

帽子

トイクロス

マント

トイクロス

トイクロス
×2

・人差し指
・薬指

トイクロス

手の甲

旅人

トイクロス

木

道

みにくいあひるの子 p.62

・すべて実寸大です。
・アイテムのパーツを重ねて貼る場合は、適宜のりしろをとってください。
・グレーの型紙は トイクロス で作るパーツです。

木の葉（春）

木の葉（夏）

左手薬指の下

トイクロス

トイクロス

木

池の白鳥

木の葉（秋）

あひるの子×2

白鳥の子

あひるの
おかあさん

大きな白鳥（からだ）

大きな白鳥（羽）

十二支のはじまり p.66

・すべて実寸大です。
・アイテムのパーツを重ねて貼る場合は、適宜のりしろをとってください。
・グレーの型紙はトイクロスで作るパーツです。

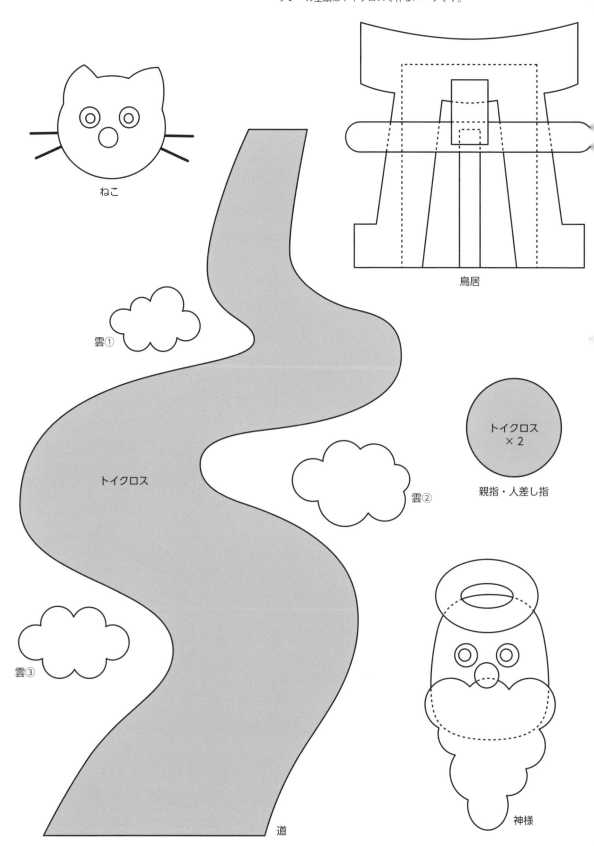

ねこ

鳥居

雲①

トイクロス

雲②

トイクロス
×2

親指・人差し指

雲③

道

神様

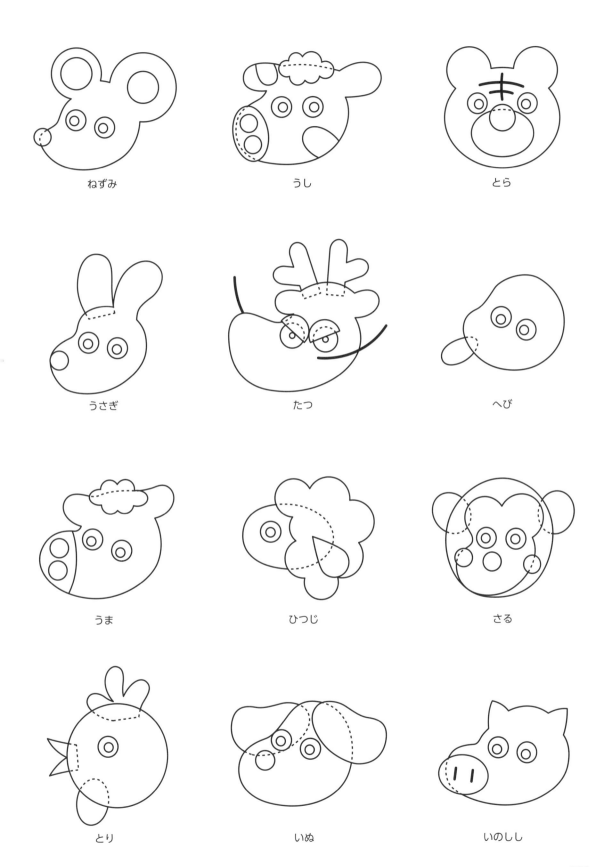

ねずみ

うし

とら

うさぎ

たつ

へび

うま

ひつじ

さる

とり

いぬ

いのしし

外から帰ったら p.72

p.72

・すべて実寸大です。
・アイテムのパーツを重ねて貼る場合は、適宜のりしろをとってください。
・グレーの型紙はトイクロスで作るパーツです。

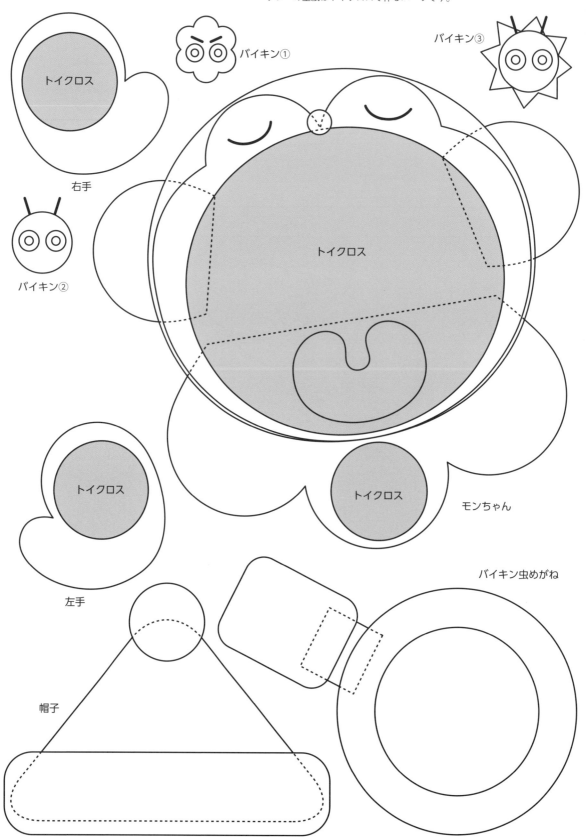

トイクロス

右手

バイキン①

バイキン③

バイキン②

トイクロス

トイクロス

トイクロス

モンちゃん

左手

バイキン虫めがね

帽子

にっこりモンちゃん

トイクロス

泡

水

吐き水

コップ

かばくんの歯みがき p.76

p.76

・すべて実寸大です。
・アイテムのパーツを重ねて貼る場合は、適宜のりしろをとってください。
・グレーの型紙はトイクロスで作るパーツです。

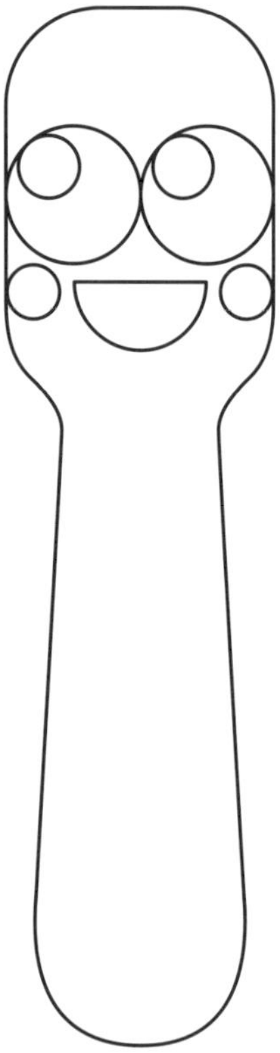

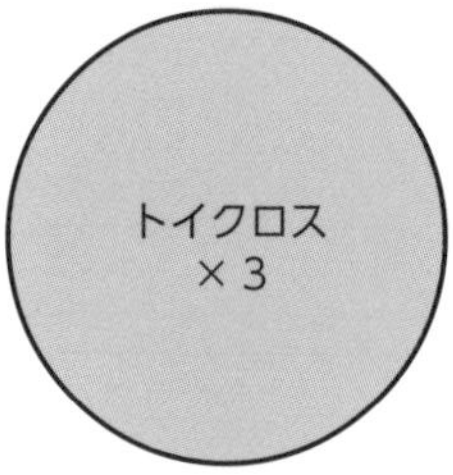

トイクロス
×3

・親指
・手首①
・手首②

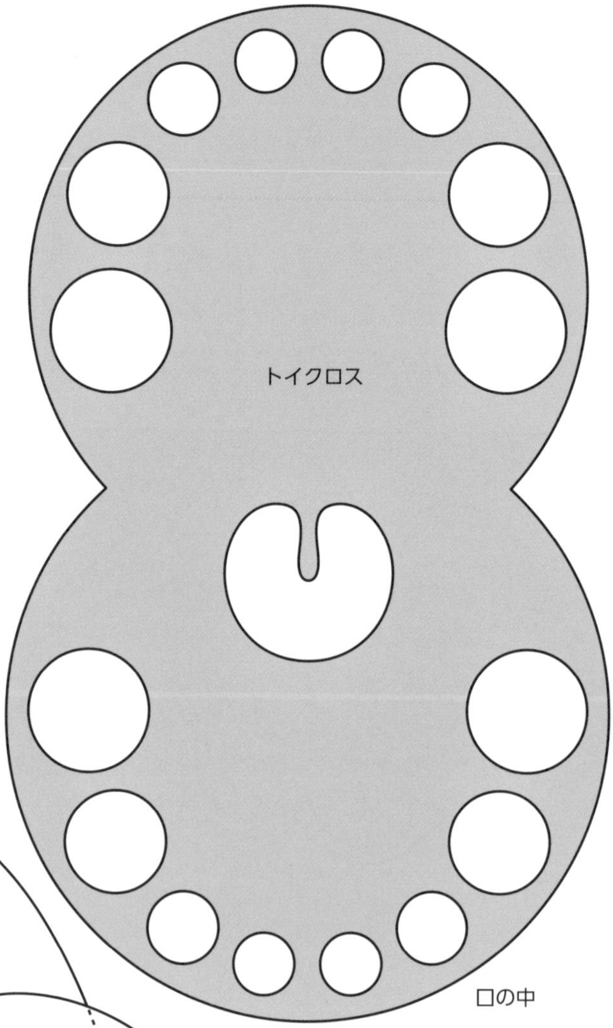

歯ブラシ

トイクロス

口の中

かばくん

コップ

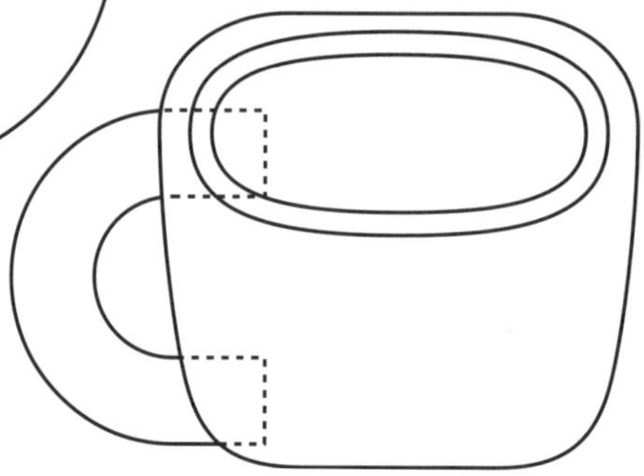

154

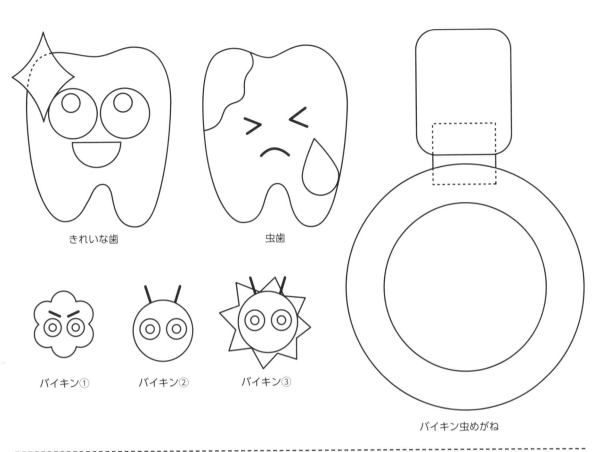

きれいな歯

虫歯

バイキン①

バイキン②

バイキン③

バイキン虫めがね

お腹のはなし p.80

・すべて実寸大です。
・アイテムのパーツを重ねて貼る場合は、適宜のりしろをとってください。
・グレーの型紙はトイクロスで作るパーツです。

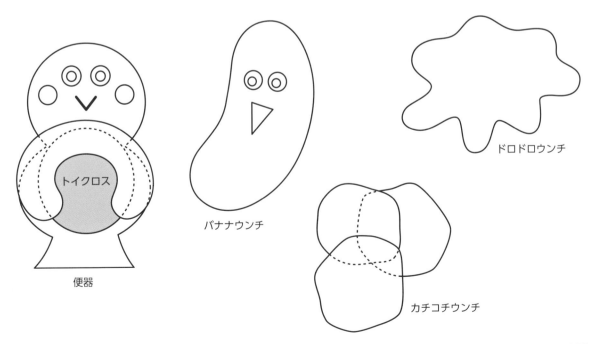

トイクロス

便器

バナナウンチ

ドロドロウンチ

カチコチウンチ

お腹のはなし

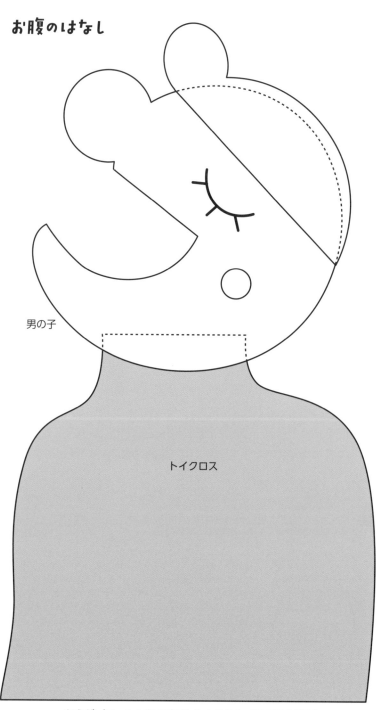

男の子

トイクロス

からだ（フェルトを二重にした上からトイクロスを貼る）

× 2

ポテトチップス

トイクロス
× 6

・親指
・人差し指
・小指
・小指付け根
・手首①
・手首②

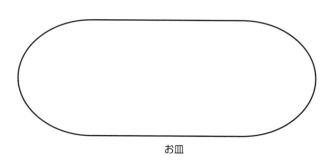

お皿

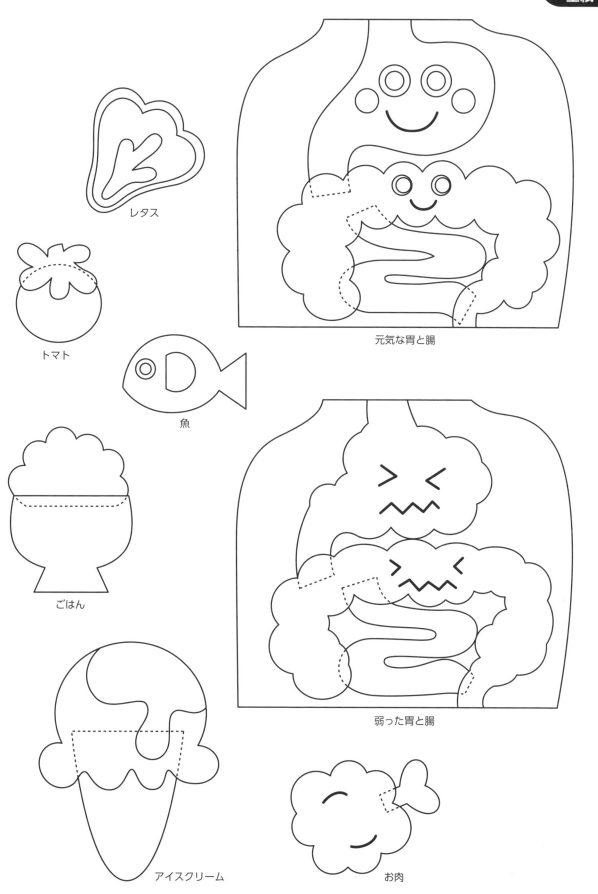

レタス

トマト

魚

ごはん

アイスクリーム

元気な胃と腸

弱った胃と腸

お肉

いろいろな色の食べ物を食べよう！ p.84

・すべて実寸大です。
・アイテムのパーツを重ねて貼る場合
　は、適宜のりしろをとってください。
・グレーの型紙はトイクロスで作る
　パーツです。

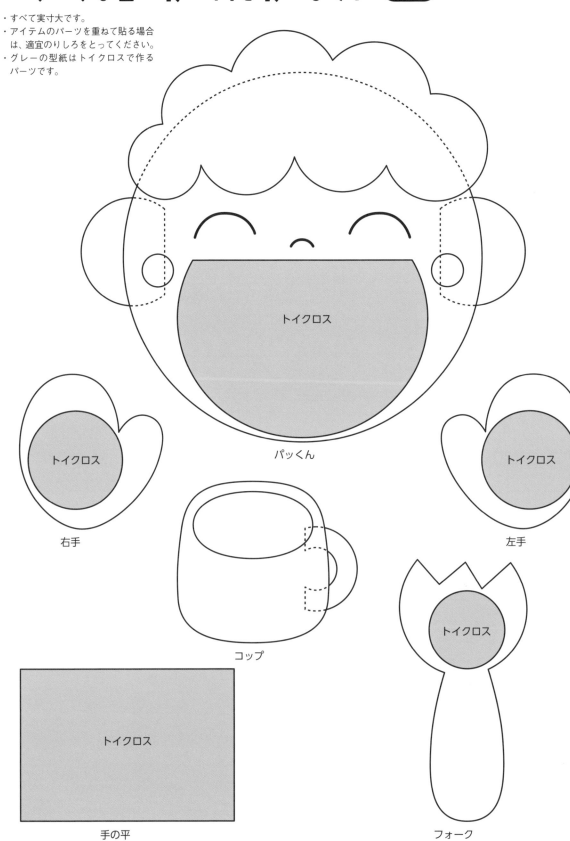

トイクロス

パッくん

トイクロス

右手

トイクロス

左手

トイクロス

コップ

トイクロス

フォーク

トイクロス

手の平

からあげ×2

ごはん

たまごやき×2

トマト×2

レタス×2

トイクロス

お皿

どんな花が咲くのかな p.88

- すべて実寸大です。
- アイテムのパーツを重ねて貼る場合は、適宜のりしろをとってください。
- グレーの型紙はトイクロスで作るパーツです。

植木鉢

芽

じょうろ

太陽

てんとうむし

はち

花×4

ちょうちょう

つぼみ×4

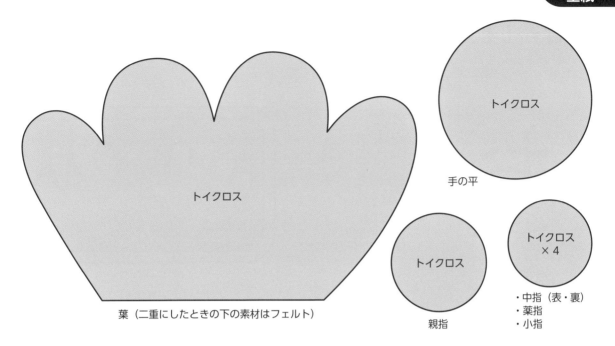

トイクロス

トイクロス
手の平

トイクロス
親指

トイクロス
× 4

・中指（表・裏）
・薬指
・小指

葉（二重にしたときの下の素材はフェルト）

ゆりかごのうた p.92

・すべて実寸大です。
・アイテムのパーツを重ねて貼る場合は、適宜のりしろをとってください。
・グレーの型紙はトイクロスで作るパーツです。

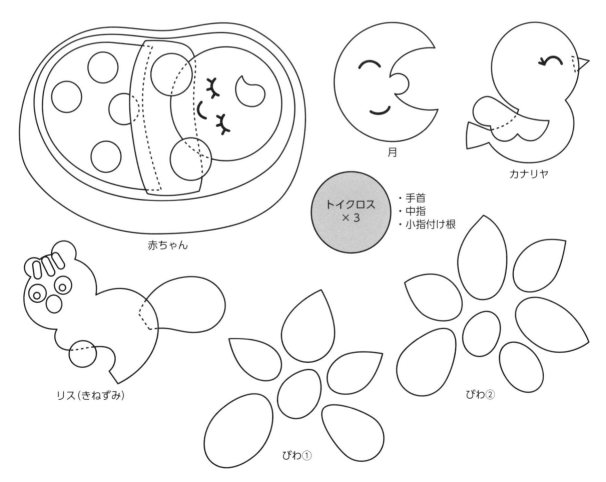

赤ちゃん

月

カナリヤ

トイクロス
× 3

・手首
・中指
・小指付け根

リス（きねずみ）

びわ①

びわ②

「おかしも」ってなあに？ p.96

・すべて実寸大です。
・アイテムのパーツを重ねて貼る場合は、適宜のりしろをとってください。
・グレーの型紙はトイクロスで作るパーツです。

お

トイクロス
× 4

・人差し指
・人差し指付け根
・人差し指付け根下
・手首左

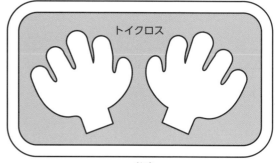

おす

か

トイクロス
× 4

・薬指
・薬指付け根
・薬指付け根下
・手首右

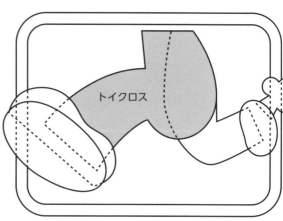

かける（はしる）

は

バツマーク× 3

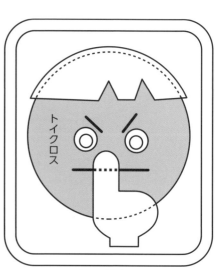

しゃべらない

し

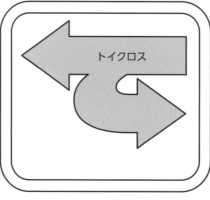

トイクロス

もどる

も

162

ライオンはライオン p.100

・すべて実寸大です。
・アイテムのパーツを重ねて貼る場合は、適宜のりしろをとってください。
・グレーの型紙はトイクロスで作るパーツです。

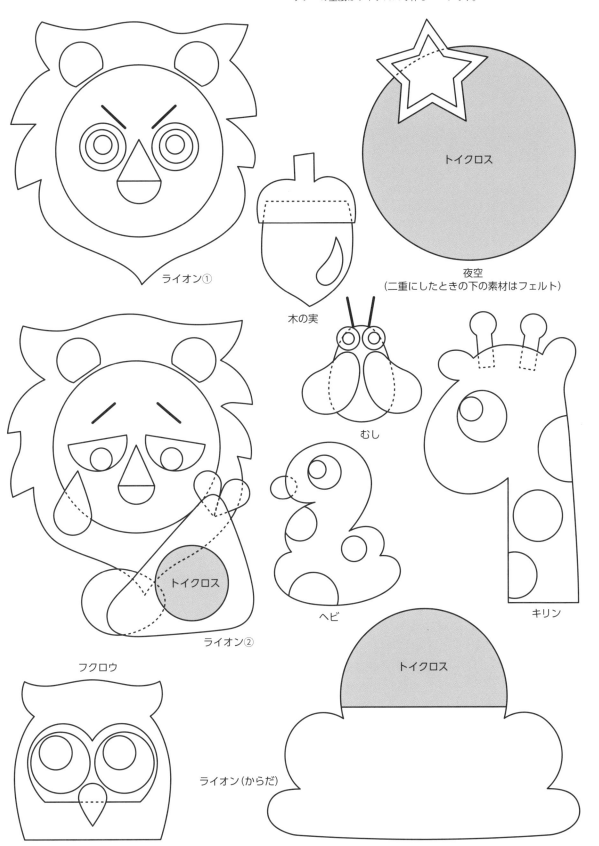

ライオン①

木の実

トイクロス

夜空
（二重にしたときの下の素材はフェルト）

むし

ライオン②

ヘビ

キリン

フクロウ

トイクロス

トイクロス

ライオン（からだ）

ライオンはライオン

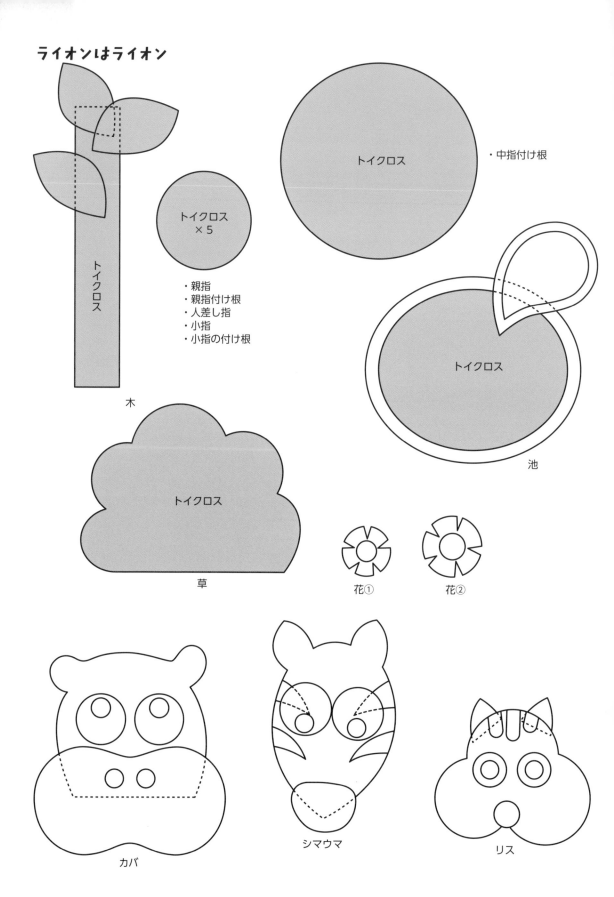

トイクロス　木

トイクロス ×5
・親指
・親指付け根
・人差し指
・小指
・小指の付け根

トイクロス　・中指付け根

トイクロス　池

トイクロス　草

花①　花②

カバ　シマウマ　リス

ありがとうの虫めがね p.104

- すべて実寸大です。
- アイテムのパーツを重ねて貼る場合は、適宜のりしろをとってください。
- グレーの型紙はトイクロスで作るパーツです。

女の子①

太陽・雨・緑

こころ

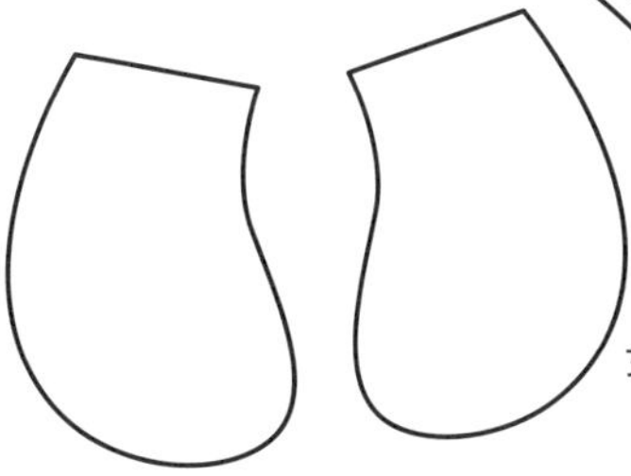

女の子の足

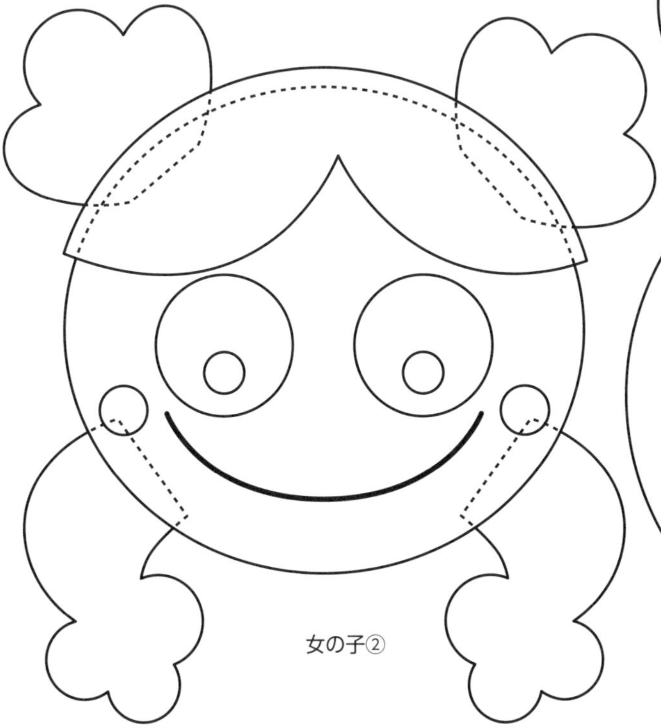

女の子②

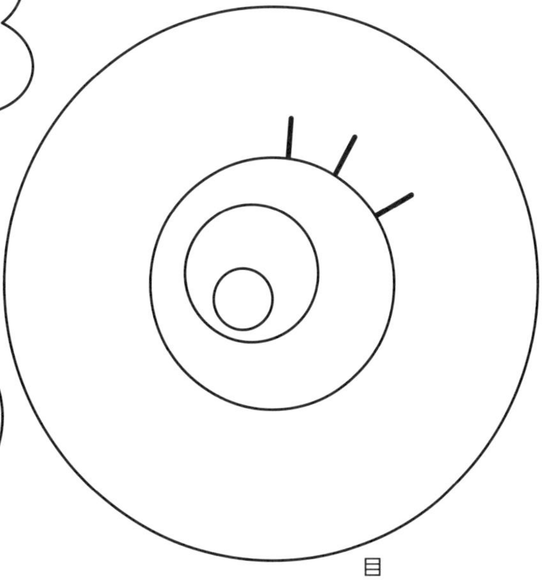

目

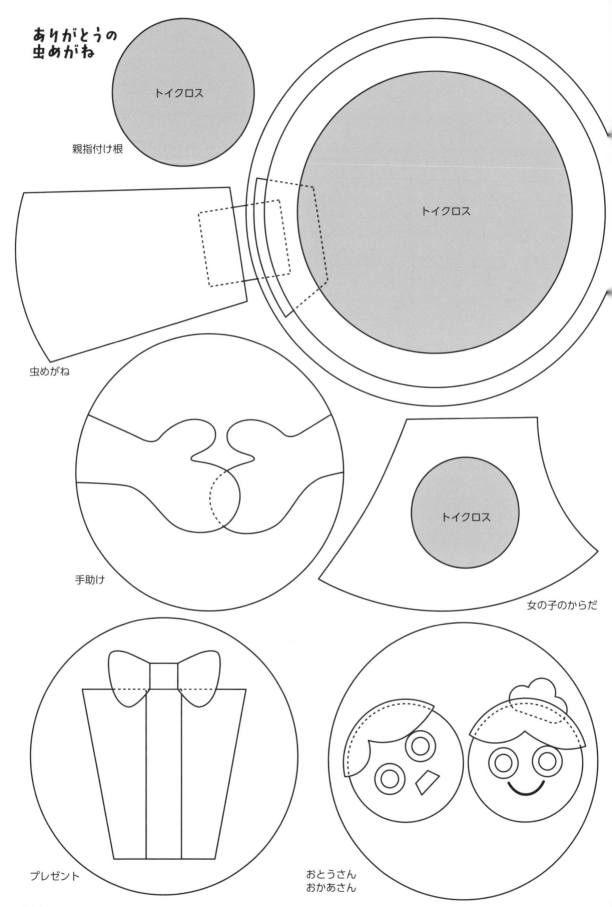

ありがとうの
虫めがね

トイクロス

親指付け根

トイクロス

虫めがね

手助け

トイクロス

女の子のからだ

プレゼント

おとうさん
おかあさん

おやつたーべよ。 p.108

・すべて実寸大です。
・アイテムのパーツを重ねて貼る場合は、適宜のりしろをとってください。
・グレーの型紙はトイクロスで作るパーツです。

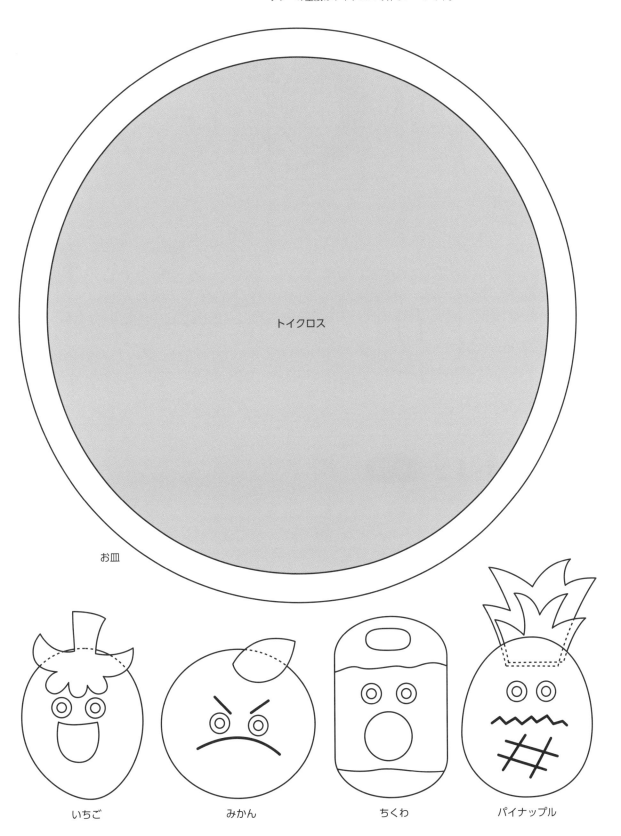

トイクロス

お皿

いちご　　　　みかん　　　　ちくわ　　　　パイナップル

おやつたーべよ。

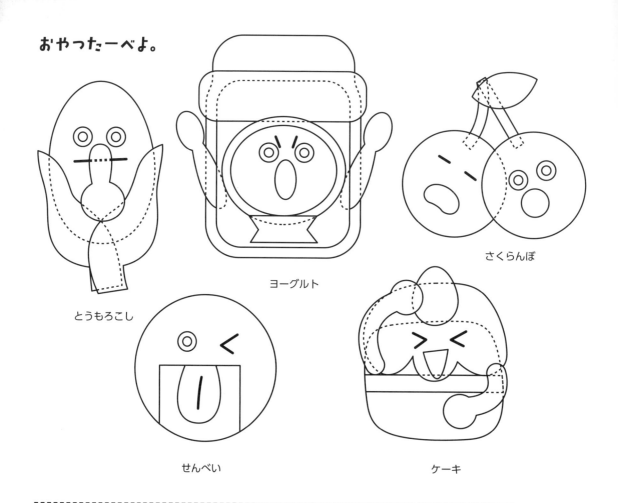

とうもろこし

ヨーグルト

さくらんぼ

せんべい

ケーキ

- -

まあるいたまご p.112

・すべて実寸大です。
・アイテムのパーツを重ねて貼る場合は、適宜のりしろをとってください。
・グレーの型紙はトイクロスで作るパーツです。

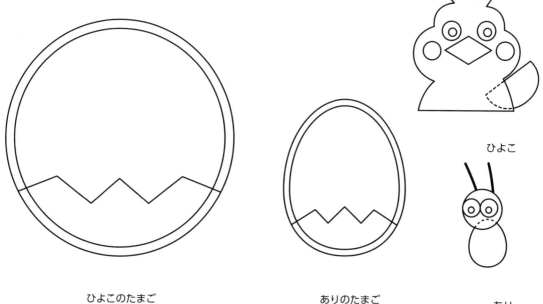

ひよこ

ひよこのたまご

ありのたまご

あり

168

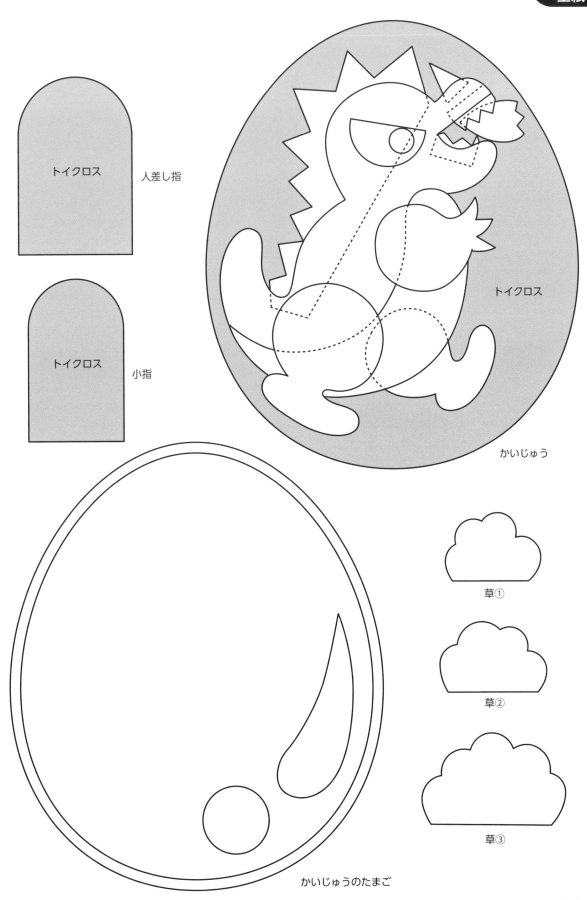

トイクロス　人差し指

トイクロス　小指

トイクロス

かいじゅう

草①

草②

草③

かいじゅうのたまご

169

だるまさん p.116

- すべて実寸大です。
- アイテムのパーツを重ねて貼る場合は、適宜のりしろをとってください。
- グレーの型紙はトイクロスで作るパーツです。

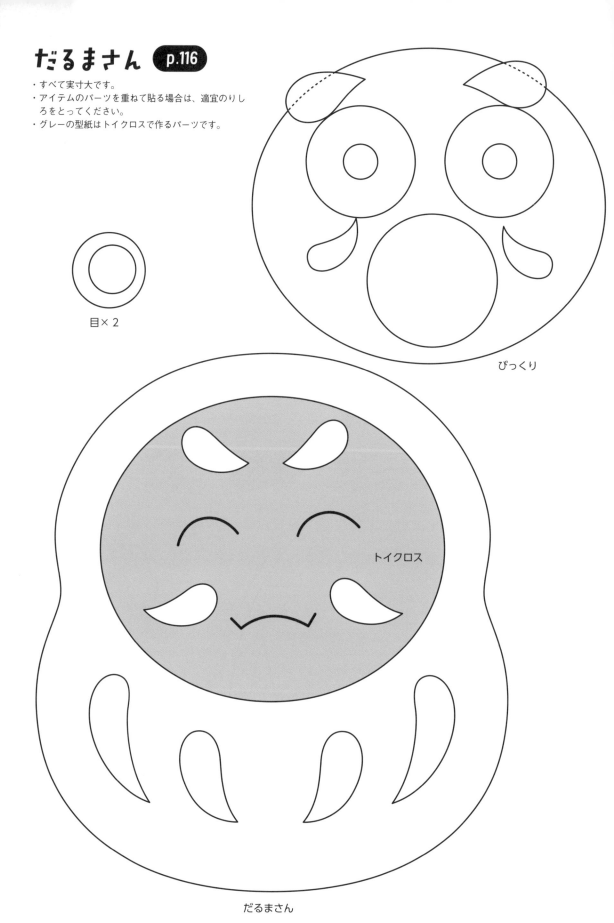

目×2

びっくり

トイクロス

だるまさん

あっぷっぷ

あっかんべ

笑い

げんこつやまのたぬきさん　p.120

・すべて実寸大です。
・アイテムのパーツを重ねて貼る場合は、適宜のりしろをとってください。
・グレーの型紙はトイクロスで作るパーツです。

ミルク

たぬき（表）

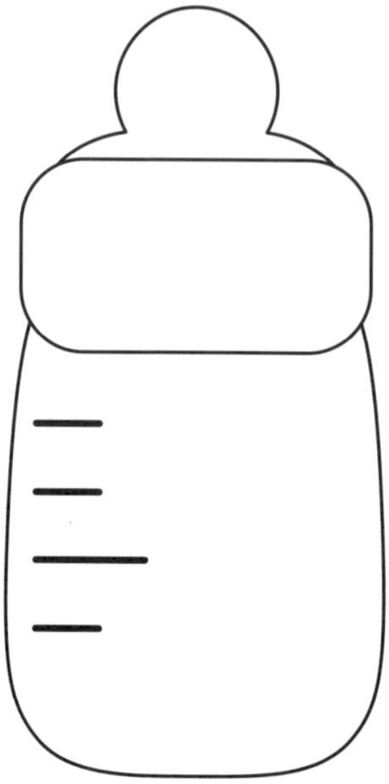

トイクロス

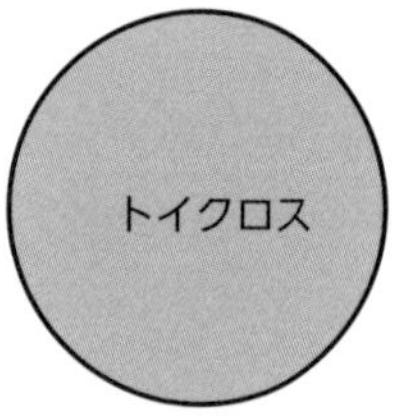

親指

たぬき（裏）

172

くまさん くまさん p.123

・すべて実寸大です。
・アイテムのパーツを重ねて貼る場合は、適宜のりしろをとってください。

手×2

右足

顔

左足

ずくぼんじょ p.126

・すべて実寸大です。
・アイテムのパーツを重ねて貼る場合は、適宜のりしろをとってください。

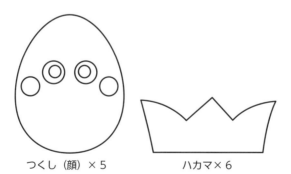

つくし（顔）×5

ハカマ×6

楽譜

♪　ゆりかごのうた

作詞：北原白秋　作曲：草川 信

1. ゆりかごの　うたを　　カナリヤ が　うたうよ
2. ゆりかごの　うえに　　びわのみ が　ゆれるよ
3. ゆりかごの　つなを　　きねずみ が　ゆするよ
4. ゆりかごの　ゆめに　きいろいつき が　かかるよ

ね んねこー ねんねこ ねんねこ よ

♪　おやつたーべよ。

作詞・作曲：人見将之

おやつをたべよ た　べ よ　　おやつがだいすき だ いすき　　　だ いすきいち

1, 2.

ご ゴー! ゴー! いち ご ゴー! ゴー! いち ご ゴー! ゴー! いち ご ゴー! ゴー! みか
ん んー! んー! みか ん んー! んー! みか ん んー! んー! みか

2.

ん んー! んー!　　さあ こんどはいろんなおやつがでてくるよ　みんなでいっしょに やってみよう　　　ケー

1, 2, 3, 4, 5, 6.

キ キッ! キッ! ケー キ キッ! キッ! ケー キ キッ! キッ! ケー キ キッ! キッ! パイナップ
ル プルプルプル…パイナップ ル プルプルプル…パイナップ ル プルプルプル…パイナップ ル プルプルプル…ヨーグル
ト とぉー! ヨーグル ト とぉー! ヨーグル ト とぉー! ヨーグル ト とぉー! せんべい
べい べぇー! せん べい べぇー! せん べい べぇー! せん べい べぇー! さくらん
ぼ ぼぉ… さくらん ぼ ぼぉ… さくらん ぼ ぼぉ… さくらん ぼ ぼぉ… ちく
わ わぁー! ちく わ わぁー! ちく わ わぁー! ちく わ わぁー! とうもろ
こし しーっ! とうもろ こし しーっ! とうもろ こし しーっ! とうもろ

7.

こし しーっ!　　さあ こんどはバラバラにおやつがでてくるよ　みんなでいっしょに やってみよう　　　ケー

1, 2.　**3.**

キ キッ! キッ! いち ご ゴー! ゴー! せん べい べぇー!　みかん んー! んー! パイナップ
ル プルプルプル… さくらん ぼ ぼぉ…　 いち ご ゴー! ゴー! ヨーグル ト とおー! ちく
わ わぁー!　ケー キ キッ! キッ! パイナップ ル プルプルプル…とうもろ　　こし しーっ!

♪　まあるいたまご

1. まあ　　る　　い　た　ま　ご　が　　パ　チ　ン　と　わ　れ　て　　な　か　か　ら　ひ　よ　こ　が
2. ちっ　　ちゃ　な　た　ま　ご　が　　パ　パ　チ　ン　と　わ　れ　て　　な　か　か　ら　あ　り　さ　ん　が
3. おお　　き　な　た　ま　ご　が　　パ　チ　ン　と　わ　れ　て　　な　か　か　ら　か　い　じゅう　が

ピヨ　　　　ピヨ　　　　ピヨ　　　　ま　ま　　あ　か　わ　い　い　ピヨ　　ピヨ　　ピヨ
チョロ　　チョロ　　チョロ　　　　　　　あ　か　わ　い　い　チョロ　チョロ　チョロ
ガオ　　　ガオ　　　ガオ　　　　ま　ま　　あ　つ　よ　い　ー　ガオ　　ガオ　　ガオ

♪　だるまさん

わらべうた

だ　る　ま　さん　だ　る　ま　さん　に　ら　めっ　こ　し　ま　しょ　わ　ら　う　と　だ　め　よ　あっ　ぷっ　ぶっ

♪　げんこつやまのたぬきさん

わらべうた

げ　ん　こ　つ　や　ま　の　　た　ぬ　き　さん　　お　っ　ぱ　い　の　ん　で

ね　ん　ね　し　て　　だっ　こ　し　て　お　ん　ぶ　し　て　ま　た　あ　し　た

♪　くまさん くまさん

わらべうた

1. く　ま　さん　く　ま　さん　りょ　う　て　を　つ　い　て　　く　ま　さん　く　ま　さん　さ　よ　う　な　ら
2. く　ま　さん　く　ま　さん　か　た　あ　し　あ　げ　て
3. く　ま　さん　く　ま　さん　ま　わ　れ　み　ぎ　ー

♪　ずくぼんじょ

わらべうた

ず　く　ぼ　ん　じょ　ず　く　ぼ　ん　じょ　ず　っ　きん　か　ぶっ　て　で　て　こ　ら　さい

175

●著者紹介

amico （アミコ）

1977年3月生まれ。淡路島出身、神戸在住。
元幼稚園教諭の経験を生かして、スタッフたちと
手袋シアターを HP で制作販売。

amicoの手袋シアター 検索

楽しんでもらえたら
うれしいです！

● staff

本文・装丁	霜野デザイン事務所
おはなし構成	山本省三
作り方イラスト	rikko
amicoのひとことイラスト	KanaL
撮影	大畑俊男
モデル	仲森千夏　高橋美帆
楽譜浄書・採譜	前田明子
型紙	AD・CHIAKI

おはなしいっぱい！　楽しい手袋シアター

2020年11月25日　初版発行

著　者	a　m　i　c　o	
発行者	富　永　靖　弘	
印刷所	公和印刷株式会社	

発行所　東京都台東区　株式　新星出版社
　　　　台東2丁目24　会社
　　　　〒110-0016 ☎03(3831)0743

Ⓒ amico　　　　　　　　　　　　Printed in Japan

ISBN978-4-405-07318-0